혜존

나무관세음보살.
이 책을 보는 것은 자신에 대한 도리와 예입니다.

년   월   일

드림

마음은
마음일 뿐

혜문 지음

White Wave

작가의 변언辯言

코로나 19 이후 불자들과의 만남이 소원해졌습니다. 부처님 녹봉을 받아먹고 있는 처지에 잠시라도 송구한 마음을 덜어 볼까 싶어 쓴 글들이 모여 책이 되었습니다.

그사이 몇 차례 병원 신세를 지고 나니 삶과 죽음의 경계가 흐릿해졌습니다. 갈까 말까 가야 하는가 아님 좀 더 있어야 되는가 생각이 많아지는 날들이었습니다. 일반 재가 수행자들이 공부하기 힘들다는 것을 잘 아는 사람으로서 조금이라도 도움이 되는 말들을 남겨 놓아야 되지 않을까 싶어 작정하고 쓴 일기 글들입니다.

1990년 7월의 어느 여름날 가야산 계곡에서 경험한 근사 체험이 저의 수도修道 일정의 시작이었습니다. 35년이 지난 지금 결론을 내자면 도道를 한다 함은 자기 영혼에 대한 도리道理요, 우리가 나고 죽기를 반복하는 터전인 이 우주에 대한 도리이기도 합니다.

이 도리는 그 어떤 명분에도 앞서는 상위 행위이며 심지어 목숨보다도 더 위에 두어야 할 것이며, 목숨이 있는 이유가 바로 도를 닦기 위함이다라고 말하고 싶습니다.

수도修道는 '내가 나를 아는 것.'이라 남에게서 찾는 것이 절대 아니며, 내가 나를 알고, 나다운 행위를 하는 것까지를 수도修道라고 합니다.

내가 나를 아는 과정을 이 책에 소탈하게 다 고백하였습니다. 그리고 하늘이 원하는 사람다운 사람의 행위를 흉내라도 내어 볼까 애쓰기도 하였습니다. 돌아보면 적게 산 것도 아니요, 그렇다고 많이 산 것도 아닙니다. 어쩌면 도道를 논하기에 가장 적당한 나이인 것 같습니다. 이 책을 통해 함께 공부하는 인연들의 깊이가 더해졌으면 합니다.

이 책이 나오기까지 시인 김용락 선배님과 ㈜백조 박찬세 대표님의 노고가 있었음을 마음속 깊이 기억합니다. 마지막으로 이 책을 보시는 여러분들과 저와의 인연을 맺게 해 주신 관음보살님과 우(자) 학(자) 은사 스님의 은혜가 얼마나 지중한지 차마 언필로는 표현할 수가 없습니다. 고맙습니다. 나무 관세음보살.

2025년 5월의 어느 날
사문沙門 혜문慧門 글 올립니다.

목차

1부

나는 나를 사랑할 뿐이다

행복을 만드는 주체主體

사람들은 착각한다. 내가 있어 내가 행복하다고.

진실로 행복할 때는 내가 없다. 진실로 행복할 때는 시간의 구애도 없고 공간의 구애도 없다. 즉 시간과 공간조차 내 행복의 조건이 되지 못하다.

행복을 만드는 주체는 마하摩訶이다. 마하Maha의 사전적 용어는 '크다, 많다, 위대하다, 묘하다.'이다. 불자들이 법회 때마다 독송하는 '마하반야바라밀다심경'에도 마하가 있다. 이 마하를 일러 지혜, 반야, 공, 불성, 신성, 본성, 마음 등 다양한 호칭이 있다.

의상 대사의 법성게는 대사께서 불각佛覺의 핵심인 『화엄경』을 공부하시고 인가받으신 박사 논문이라고 생각하면 무리가 없다. 그 법성게 중에 '우보익생만허공 중생수기득이익'이 있다. 허공에 보배비가 가득한데 중생의 그릇대로 그 이익을 받는다라는 뜻이다.

행복의 주체는 바로 마하=공=반야=지혜=마음이다.

마음은 마음인데 내가 멈춘 마음의 상태가 마하이다. 우리는 '내가 난데'라는 마음을 허공 마음에다 계속 울리고 있다. 허공이 움직이는 것을 보고 예수는 바람이라 했고, 현대인들은 진동수, 주파수로 측정한다.

행복을 만드는 것이 마하(내가 멈춘 마음의 상태)이고, 내가 멈춘 마음의 상태를 만드는 것이 바로 수도修道, 수행修行, 기도, 참선, 명상 등등 다양한 용어로 표현된다.

도道를 하는 것은 외부 감각의 문을 닫고(無안이비설신의) 진동하는 내 마음을 바라보며(미세한 마음의 움직임을 관찰하고) 움직이는 마음에서 바라보는 관찰자의 마음으로 트랜스Trans(자기의식에서 마하의식으로 전이)하는 것이다.

행복의 주체는 내가 없는 마음 즉 마하요, 공이요, 지혜요, 사랑이다. 그 마하에는 너와 나, 온 우주가 담겨 있다. 그러니 내가 마하가 되는 순간 온 중생이 한순간, 한 찰나에 나와 함께 모두 다 깨닫는 것을 느낀다. 또 나만 행복한 것이 아니라 모두가 행복한 것이다. 모두를 행복하게 하는 지혜를 달리 말하면 '반야'라고 한다.

선禪 명상의 주체는 마하요, 그 마하는 나와 너, 우리 모두를 행복하게 하는 지혜이다.

불교 명상과 인연을 맺으면 행복하지 않을 수가 없다. 불교와 인연 맺은 지 오래된 자가 행복하지 않다면 자신을 돌아보자. 외부 감각에 흔들리는 내 마음을 내가 보고 있는지, 아니면 외부 세계에 내가 반응을 하여 내 마음이 외부 세계를 따라가는지.

내 마음은 내 마음 자리에 있어야 된다. 물결치는 마음이 고요해져 거울과 같이 되었을 때 삼라만상이 한눈에 들어오는 지혜가 생기고 그런 다음 행복이 시작된다.

행복해지기 위해

먼저 첫째, 말 잘하기이다.

말 한마디로 천 냥 빚을 갚는다는 속담이 있다. 말 한마디의 소중한 가치를 생각해 볼 만한 문장이다.

말=소리=파동이 우리가 살고 있는 물질계의 근원이다. 우리들의 말이 세상을 만들고, 나의 특정한 말이 나만의 인생을 만든 것임을 눈치채는 시간을 점차 쌓아 간다. 과거 경박한 언어 습관으로 인해 마음 상한 사람들의 입장을 돌아보며 말을 어떻게 해야 바르게 하는가를 생각해 본다.

1. 정어正語

팔정도의 3번째 나오는 수행 덕목이다. 바른말을 하려면 먼저 바른 인식이 선행되어야 한다. 세상에 떠돌고 있는 소리를 보노라면 바르지 못한 소리가 너무나도 많다. 바른 인식이 선행되지 못한 채 그릇된 인식으로 보고 판단하니 잘못된 견해와 소리가 세상을 어지럽히고 있다. 무상無

常, 고苦, 무아無我의 이치와 만법귀일萬法歸一의 이치를 인식의 주체로 삼지 않은 견해는 전부 다 사견邪見이다. 바른 견해가 될 수 없음에도 불구하고 절대 불변의 바른 견해인 양 확정하여 소리치고 문자화하여 인터넷의 공간에 떠돌고 있다. 엄청난 구업을 짓고 있음인데 다들 모르고 여기저기 퍼 나르고 있으니 안타깝기 그지없다. 나이 들어 노인이 되면 저절로 현인이 되고 어른이 된 것인 양 착각한다. 세상사 무상함을 잊고 과거지사의 결박에 묶여 과거에 본 대로 판단하고 주장한다. 지금부터라도 침묵하며 나의 말이 진정 정어正語인지 돌아보는 기회를 가졌으면 한다. 구업의 막중한 과보를 생각하면 차라리 침묵하는 편이 염라대왕 앞에 갔을 때 좀 나을 듯싶다.

2. 필어必語

지금 내가 하는 말이 상대가 처한 상황에 꼭 필요한 말인지 숙고해 보고 말하는 버릇을 들이도록 하자. 인생을 돌아보면 필요한 말을 못 해서 생기는 손해보다, 불필요한 말로 인한 재앙이 더 컸음을 알 수 있다. 그래서 말 잘하는 웅변을 일러 은銀이라 하고 침묵함을 금金이라 하지 않았나 싶기도 하다.

3. 애어愛語

아무리 좋은 내용이라도 사랑과 지혜가 담겨 있지 않으면 듣는 사람은 자기에게 꼭 필요한 내용이라도 외면하게 된다. 상대를 진정으로 사랑할 때 조언을 하는 것이 맞다. 상대가 나의 사랑에 대해 충분히 공감하고 있을 때 사랑이 담긴 말로 하는 것이 바른말을 하는 법일 것 같다. 한 초등

학생이 나와 잔소리는 기분 나쁘고, 조언은 더 기분 나쁘다고 한 인터뷰 동영상을 본 적이 있다. 어린 초등학생도 그러하거늘 하물며 다 큰 어른은 더 이상 논할 필요가 없다.

둘째, 독서하기이다.

책 한 권에는 최소한 저자의 한 인생이 다 녹아 있다. 저자와 같은 인생을 살지 않았어도 저자의 인생에서 얻을 수 있는 삶의 지혜를 얻을 수 있는 것이 독서다. 기부 잘하기로 유명한 투자자 워렌 버핏은 현명한 판단과 결정은 다 독서에서 연유한 것이라 고백하였다. 책을 가까이 하면 반드시 현명해지고 현명해진 만큼 행복함도 높아진다.

셋째, 글쓰기이다.

짧은 문장이라도 매일 일기를 쓰는 사람이나 운문, 산문을 쓰는 이는 자신도 모르게 자신을 객관화하는 습관을 가지게 된다. 자신을 객관화할 수 있는 능력이야말로 행복해지는 것에 매우 중요한 덕목이다. 불자들이 집중해서 불경을 사경하는 것 역시 자신을 관할 수 있는 수행 중 하나이다. 그래서 필자는 사경을 사경 명상이라고 부르고 싶다. 명상이야말로 자신을 보고 확인하는 좋은 방법이다.

넷째, 걷기 기도이다.

이태리 속담에 걸으면 모든 문제가 해결된다는 말이 있다. 심각한 문제점에 처했을 때, 감정이 격해졌을 때, 기분이 우울해졌을 때, 걷기와 기도를 동시에 해 보라. 한 시간 쯤『금강경』이나 기타 발원문, 서원문의 기도 소리를 들으며 걷노라면 저도 모르게 문제점을 해결할 수 있는 지혜가 떠오른다. 건강도 챙기고, 영혼의 지혜도 챙길 수 있는 것이 걷기 기도이다.

관觀의 중요성

축적된 과거의 분별력으로 현재를 보면 현재의 진실을 보지 못한다.

양자 역학의 시대의 관점으로 보면, 물질의 미세입자는 파동성과 입자성이 동시에 있다. 관측하지 않았을 때는 파동으로 존재하고, 동시성으로 존재하다 관측을 하는 순간 입자가 되고 위치성이 결정된다. 세상사는 확률로 존재하다 관측하는 순간 위치가 결정되고 시간과 공간이 결정된다.

그냥 자신을 관측했을 뿐이지만 그 관측이 자신을 물리적으로 존재하게 한다. 우리는 여러 가능성의 확률로 존재한다. 스스로 자신을 보지 않으면 시간과 공간적으로 존재하지 않는다. 그냥 수많은 파동 중에 하나일 뿐. 행복을 원하면 먼저 자신의 진실성을 보려고 노력해야 한다. 자신을 보지 않고 타자他者의 욕망에만 휘둘리다 보면 진작 자신을 보지 못하고, 보지 못하니 찾지 못하고, 허망함에 몸서리치다 그냥 죽음을 맞이하게 되는 것이 범부들의 삶이다.

내가 나를 보는 것!

인생의 원인을 찾으려 애쓰지 말고 당장 지금 인생의 이유를 알게 되면 원인은 저절로 알게 된다. 지금 이 순간의 이유는 내가 나를 보는 순간. 바로 이것이다.

마음의 무게＝0

공즉시색 색즉시공의 공이 우리들의 본성이요, 굳이 부처라 하여 자성불自性佛이라 하고, 삼천대천세계의 바탕인 공을 법계, 법신이라 하고 법계불, 법신불이라 칭한다.

이 자성自性의 공과 법계의 공이 하나일진대 그 공의 무게는 얼마나 될까?
답은 0이다.

마찬가지 우리 각자가 애착하고 집착하여 생긴 마음의 무게는 얼마나 될까?
답은 0이다.

객관적 진리적 무게는 0인데 왜 우리는 마음에 새겨진 아픈 과거의 무게에서 벗어나지 못할까? 그 한과 원을 현상계에 투영해야만이 한이 풀리고 원이 풀릴까?

심리 상담, 정신과 상담이 정신 건강에 도움을 주지만 명상은 근본적인 해결책이 된다.

『천수경』에 백적만겁 일념돈탕진의 비법이 잘 쓰여 있다.

죄무자성종심기 죄는 '내가 난데' 라는 자성이 없고 오직 마음 따라 일어난다고 하였다.

그냥 마음이면 아무런 일도 일어나지 않을 터인데, '내 마음'이라 애착하니 '내 운명'이 되고 '나의 아픔, 고통'이 되나니 그냥 마음일 뿐 하면 바람 지나간 허공처럼 맑고 투명할진대, 우리는 굳이 그 허공에 '내 마음'이라 새겨 원과 한을 만든다. 원이 이루어지지 않으면 고통이 되고, 한이 풀리지 않으면 그 한이 풀릴 때까지 무한 반복되는 복수극이 현상계에 투사된다.

지금 이 순간부터 명상 수행자들은 자기 마음이 없고 그냥 마음일 뿐이라고 하자.

그냥 마음의 무게는 0이다. 내 마음의 무게는 원과 한이고 현상계의 무한 반복 복수극이다. 그러니 제발 마음은 마음일 뿐, 마음의 무게는 0임을 알고, 스스로 마음의 무게를 만들지 말자.

중생의 고통

중생의 고통에는 생활고生活苦가 있다. 먹고살아야 하는 고통이다. 생존성이 보장되지 않으면 중생은 중생의 탈을 절대 벗을 수 없다. 생활고를 벗어나야 인생의 의미를 찾아보고 생로병사로부터의 해탈을 생각만이라도 해 볼 수 있다.

생활고를 갖게 된 근본 원인은 찾아보지 않고 생활고에만 빠져 있는 것이 사바세계 중생들의 흐름이다. 태어났기에 중생이 되었고 중생이 되었으니 먹고살아야만 한다. 먹고살아야 할 수고로움과 고통을 겪는다.(그뿐 아니라 늙는 고통, 병의 고통, 죽음의 고통까지 있다.)

태어남의 원인은 바로 무명無明이다. 밝지 못함이라 하니 무엇에 밝지 못함인가?
제법무상諸法無相, 일체개고一切皆苦, 제법무아諸法無我를 모름이다. 이 삼법인三法印을 모르니 눈에 보이는 세상 것에 대한 욕망과 욕망이 이루어지지 않았을 때의 분노로 중생의 업을 쌓고 또 쌓는다. 하여 누진겁의 세월을 중생 살이로 태어나고 죽고를 반복하며 돌고 도는 유전업보流轉業報의 탈을 쓰게 되는 것이 우리 중생들이다.

중생이라는 씨앗 안에는 불성도 존재한다. 부처가 될 성질이 있으니 부처 눈에는 중생이 부처로 보인다. 흔히 우리 중생들은 부처의 위를 도를 닦아 구하는 것이라 생각한다. 부처는 구하는 것이 아니라 중생성을 여과하면(해탈시키면) 바로 부처의 모습이 그대로 드러난다.

부처의 성질을 불생불멸不生不滅이라 한다. 나지도 죽지도 않는 그 무엇. 상락아정常樂我淨 항상 하니 시작도 끝도 없고, 지극한 즐거움이 있으며, 지수화풍地水火風, 공空, 견見, 식識으로 이루어진 '나'가 아닌 청정한 '나'란 성질이 있으며, 자비희사慈悲喜捨의 거룩한 성품마저 갖추어진 것이 불성이다. 그것이 바로 진짜 '나'인 것이다.

영국이 인도하고도 안 바꾼다는 문호 셰익스피어가 죽는 순간에 벌떡 일어나서 마지막으로 한 말이 있다.
"인생은 가면 축제이다Life is a Carnival."
'나'란 가면을 벗는 것이 해탈이다. 해탈하면 바로 열반의 자리로 든다.

지난날의 모든 행위가 '내가 난데'란 이미지를 만들어 아상을 만들고 그 아상에 맞지 않는 것을 남이라 칭한다. 세상과 나를 갈라 세워(본디 하나였건만) 미워하는 남, 싫어하는 남, 틀린 남, 좋은 남, 옳은 남들을 만들어 미워하고 애착하는 것을 반복한다. 이 중생 살이를 우리 모두 다 함께 어서 벗어나기를 간곡히 바라고 또 바란다.

10선善과 10악惡이 한순간의 차이이듯, 천국과 지옥도 한순간의 차이이다.

10계戒가 있다.
먼저 몸으로 짓는 3가지. 불살생, 불투도, 불사음이다. 살생하지 말고, 도둑질하지 말고, 사음하지 말라는 계이다.
입으로 짓는 것 4가지. 불망어, 불양설, 불악구, 불기어이다. 거짓말 말고, 이간질 말고, 나쁜 말 말고, 기이한 말로 현혹하지 말라는 계이다.
뜻으로 짓는 것 3가지. 탐욕, 분노, 어리석은 생각이다.

이 10가지를 지키면 천상도에 나고 지키지 못하면 지옥도에 떨어진다.
천상과 지옥이 다 마음의 소치인지라 천상과 지옥을 논하기 전에 먼저 자신의 마음을 바라보는 것이 먼저일 터인데 우리는 천상과 지옥을 먼저 인식한다.

다시 말해 현재의 행위, 감정, 생각을 자각할 수 있는 능력이 천국과 지옥세계를 갈라놓는다.
자각이란, 내가 현재 집중하는 대상을 인식하는 나의 인식체를 다시 한 번 더 인식하는 것이다. 교육계에서는 메타 인지라 부른다.

첫 번째 내 영혼의 선생님이셨던 예수님께서 하신 말씀이 생각난다.

"앞으로의 세상은 빈익빈 부익부, 가난한 이는 더욱 가난해지고 부자는 더욱 부자가 될 것이다."라는 말씀이다.

세상이 그리되는 것이 아니고, 사람의 마음이 그리됨을 부처님 공부를 하고 나서 인식하였다. 사람의 마음은 고통을 인식하고 고통의 노예가 되기 십상이다. 그리해서 고통을 주인 삼으니 자기 인생에 고통을 재창조하여 본인이 고통의 영원한 노예가 된다.

중요한 것은 자각이다. 인식한 것을 다시 한 번 더 인식해야 한다. 그것이 자각이다. 집중의 대상이 결국 '나'라 착각하는 상념체 즉 영혼을 만든다. 수행 과목 중에 불상관이 있다. 부처님의 모습에 집중하면 '나'라 착각하는 상념체가 부처님이 된다. 부처로 보면 부처가 되고, 마구니로 보면 마구니가 된다. 똑같은 대상이라도 부처로 보기 시작하면 내가 부처가 되고, 마구니로 보면 내가 마구니로 변한다.

한 발 더 나아가 내가 부처가 된들, 그 역시 내가 만든 부처라는 상념체, 영혼일 뿐이다. 아뇩다라삼먁삼보리도 無아뇩다라삼먁삼보리임을 인식해야 한다. 제법무아의 경지는 층층만층의 경지가 다 다르다. 그렇게 할 수 있음은 먼저 한 대상에 집중하고, 집중하고 있는 나의 인식을 다시 한 번 더 인식해야 한다. 그것을 일러 자각이라 한다.

세상 모든 경계가 순경계도 되고, 악경계가 된다. 세상 모든 인연 또한 그러하다.

다 내가 부처로 보느냐, 마구니로 보느냐는 본인의 선택에 달려 있다.

만법유식이라 다 마음이 만드는 세상이다. 마음이라 하지만 마음 중에 감정의 골짜기가 가장 깊고 험난하다. 그 말은 세상에 구현되는 속도가 제일 빠르다는 뜻이다.

화살을 쏜 놈 때문에 고통받는 것보다 더 중한 것은 내게 박힌 화살을 뽑고 치유하는 것이다. 치유와 함께 영혼이 크게 자라나 남들의 스승이 된 후에는 화살 쏜 놈이 스승이 되어 있을 수도 있다.

현상계에서 미혹해지는 요인들

첫 번째, 눈앞에 보이는 상相과 내면의 인식에서 오는 상(이미지)으로 말미암아 전도몽상에 빠진다. 제상諸相이 비상非相임을 알면 여래를 본다고 『금강경』에 설파되어 있다. 우물에 빠지면 우물의 벽만 보이듯 우리들은 안이비설신의에 빠져 제상을 유상有相으로 인식하고 있다. 의식이 無안이 비설신의를 접하게 되었을 때 마음은 더 이상 마음을 지어 낼 것이 없다. 불고 있던 바람이 멈추면 바람이 있던 자리는 삼천대천세계를 있게 한 공空이 된다. 바람이 '나'라는 인식이라면 바람이 멈춘 순간 '나'라는 개체 의식은 불생불멸, 무량광, 무량수, 반야라 불리우는 '공'이 되는 것이다. 이 공과 하나 되는 체험을 나와 세계를 있게 한 본성을 보았다 하여 견성 見性이라 한다.

둘째, 현상계에서 취사取捨하려는 욕망이다. 어떠한 것은 가지고 싶고 또 어떠한 것은 버리고 싶은 바람들이다. 현상계의 모든 진실은 버릴 것도 가질 것도 없는 것들이다. 수도修道를 자신이라 여기던 것들을 버리는 것이라 말하지만 사실 이것은 현상계에 대한 집착을 끊으라는 방편이다. 진실은 버릴 것이 하나도 없으며, 취할 것도 하나도 없다. 욕계, 색계 무색계, 유상, 무상······ 모든 존재가 다 '나'일진대 취하고 버릴 것이 어디 있으랴. 관觀의 능력을 찾고 오온개공五蘊皆空 함을 비추어[照] 보는 것을 관조觀照라 한다. 시작은 지止를 위한 사마타 수행이요, 다음 단계가 관觀이다. 이렇게 하는 것을 작관作觀, 즉 관을 짓는다라고 한다.

셋째, 나를 미혹하게 하는 것 중에 가장 큰 것이 고통이다. 고통의 굴레라 해서 고박苦縛이라는 단어가 있다. 고통에 묶여 오도 가도 못 하는 것이 중생이다. 중생은 긍정적 사고나 현상보다 부정적 사고와 현상에 7배 더 집착한다. 그러니 기도와 수행은 평소의 행위보다 7배 이상 노력해야 한다. 그래서 도道를 반복의 반복이다라고 언급한 것이다.

이 삼고三苦(상고相苦, 욕고慾苦, 고고苦苦)가 우리들을 미혹하게 하는 원인이다. 도道에 지름길은 없다. 설사 질러갔다 해도 다시 돌아온다. 하늘은 그리 허술하지 않다. 확인하고 또 확인한다. 그러니 따박따박 한 걸음씩 걸어가자. 사아승지 천억 겁을.

인생의 고락苦樂에 대하여

인생의 고苦를 해결하는 방법으로 불가佛家에서는 계율을 말한다. 비구에게는 250계, 비구니에게는 348계가 있으며, 힌두교 수행법인 요가 명상의 첫 번째 단계로서 금계禁戒가 있다. 즉 고통은 사회와 자연의 부조화를 초래하는 행위에서 나온다는 뜻이다. 그 고통이 사라진 다음 선정에 들 수 있고, 선정에 들어야 지혜가 발생하며 그 지혜로 복덕과 불과佛果를 이룬다는 가장 단순한 이치이다.

『1%의 부자법칙』의 저자인 사이토 히토리가 제시한 부자 되는 방법의 챕터 1에서 첫 번째로 제시하는 것이 '단순한 세상'이다. 세상을 단순하게 바라보기이다. 세상은 고귀한 것 같지만 고귀하지 않고 실물적이다. 한 큰스님께서 점심 공양 후 소참법문에서 한 제자의 '도가 무엇입니까?'라는 질문에 '바루를 씻어라.'라고 답하셨고, '가장 높은 도가 무엇입니까?'라는 질문에 '시장에서 쌀 1되 얼마 하노?'라고 답하셨다.

지금 나에게 고통이 있다면 실물 세계를 놓쳤다고 보면 된다. 지금 이 순간 가장 무엇이 필요한지를 놓친 것이다. 이 말은 우리는 '현재 이 순간'을 놓치고 살면서 고통을 만들고 있다는 것이다.

락樂을 즐거움이라 표현하는데, 수행자에게는 즐거움의 차원이 좀 달라야 된다.

물질의 즐거움을 추구하는 것이 얼마나 허망한지 빨리 깨달아야 한다. 흔히 지옥을 엄청 고통스러운 장면으로 상상한다. 복된 현실이 무너지고 궁핍하고 힘든 처지로 떨어지는 그 순간을 불교에서는 '나락가'로 표현했고, 그것을 해석한 선지식인들은 지옥으로 번역했다. 물질적 풍요로움은 생주이멸生住異滅의 단계로 끝이 난다. 지금 나의 처지가 풍요롭다면 그 끝은 빈궁한 처지로 떨어질 것이다. 그것이 바로 지옥의 시작이다.

수행자에게는 법과 하나 될 때 세상 것과 비교할 수 없는 기쁨이 있다. 그 기쁨을 법열이라 한다. 그 법열을 여읠 때 생기는 즐거움을 락樂이라 한다. 이 마음공부는 떠남의 공부요. 만남의 공부다. 하나를 떠날 때 새로운 만남이 생기고, 또 그 만남을 여읠 때 새로운 경지로 간다. 수행자는 아무리 좋은 경지라도 머물러서는 아니 된다. 머물면 다시 원위치로 돌아간다. 중생으로 돌아간다는 말인데, 보통 수행자들이 가장 많이 하는 잘못이 자기가 경험한 선정의 경지에 머물고 싶어 한다. 놓친 이들은 다시 그 선정의 기쁨을 누리려고 집착한다. 이름하여 선정주의자가 되고, 부처병에 걸리게 된다.

수행자가 무조건 가난해야 된다고 착각하는 경우가 있다. 선정주의에 빠졌든지, 자기 수행법의 우물에 빠져 더 높은 경지로 가지 못할 때 생기는 현상이 궁핍함과 독불장군 현상(외로움, 아만)이다. 바로 '현재 이 순간'을 놓쳤기 때문이다. 또 못난 짓 중에 하나가 풍요로운 수행체(개인 또는 단체)를 두고 시기하고 폄하貶下하는 것이다.

그 풍요로운 수행체는 반드시 복과 지혜를 동시에 닦고 있었을 것이다.(정상적, 도덕적으로) 나의 출가 가문이 풍요로운 것은 끊임없이 복을 짓고 있어서이다. 도력이 복력을 이길 수 없음을 두 눈으로 목도했다.

결론은 '지금 이 순간'을 놓치지 말고, 끊임없이 작복을 하면서 도道를 구함이다.
그리했을 때 기쁨과 행복이 구도의 길에 더불어 함께할 것이다.

풍요와 부유함의 차이

　자본주의 사회에 살고 있는 우리들은 풍요와 부유함의 차이를 혼동하고 있다.

　그리고 사람의 격을 부유함으로 나누어 등급 짓고 있다. 그래서 같은 등급의 사람이 되기 위해 비슷한 집과 옷, 차를 구입해 그들과 같은 류의 사람임을 과시하며 살고 있다.

　하지만 우리가 죽어 가지고 가는 것은 살아생전의 인격이지 결코 부유함으로 표시되는 재산들이 아니다. 예전에는 형제간에 콩 한 쪽이라도 나누어 먹었고, 이웃의 곤궁함을 그냥 지나치지 않고 서로 도왔다. 현시대의 사람들보다 우리 윗대의 어르신들 세계가 훨씬 더 넓고 깊었다. 심지어 지능이 좀 부족한 사람들도 다 함께 어울려 살았고(동네마다 지체 혹은 정신적 장애인들이 하나둘씩은 다 있었던 것으로 기억한다.), 굶는 이웃이 있으면 서로 돕기에 바빴다.

"이웃을 네 몸처럼 사랑하라."

"대학지도 명명덕 재친민(큰 가르침은 자신 안의 밝은 덕을 더욱 밝히고 주위의 백
성들과 더욱더 친밀함이라)."

"중생을 7대 외동아들처럼 여겨라."

우리들의 윗세대들은 유불선의 가르침을 생활 속에 실천하며 살았었다.

이 모습들을 보며 시인 타고르는 한국을 동방의 횃불이요, 세계의 종주
국이 될 것이라 예언했다.

풍요로움은 재산의 많고 적음에 달려 있는 것이 아니라, 나의 확대성에
달려 있다.

가까운 이웃을 내 몸처럼 여기며 더 나아가 섬기려는 마음이 풍요로운
마음이요, 그런 마음이 생기면 그 풍요로움을 구현하는 현상계 즉 세계
가 나의 주변부터 발현된다.

" 부처 되기 전에 부자 되게 해 주세요."

불자들에게 가장 많이 듣는 말이 위의 내용이다.

수업 시간 중에 부자 되는 법을 강의한 적이 여러 번 있는데 마음에 와 닿지 않는 불자들이 많은가 보다.

부자 되는 법 중에 명상만 한 것이 없노라 그렇게 외쳤지만 하루 2~30분씩 일상 명상을 하는 것이 정말로 힘드신가 다시 한 번 더 불자님들의 입장들을 되새겨 본다.

큰 부자는 세상의 주인 의식이 있는 사람이어야만 된다. 명상을 통해 자기의 아뢰야식을 발견하고 세상과 자신이 하나임을 본 자라야 하늘이 허락하는 부자가 될 수 있다.(부귀재천富貴在天이다.)

큰 부자는 현실에서 꿈을 꾸는 자가 아니라, 꿈에서 현실을 보고 실천 하는 자라고 말한 적이 있다. 그러니 기도는 지향형이 아니라 완료형으로 한다. 모든 것이 다 이루어진 꿈의 현실을 바탕으로 감사의 기도를 한다. 그러니 기도의 시작과 끝이 무조건 '감사합니다.'이다.

얼마 전에 자료를 검색하다 사업으로 큰돈을 번 젊은 사업가가 인터뷰한 내용을 보았다.

그 젊은이 말이 매월 2천만 원 이하의 수입은 자기 자신이 죽도록 노력하면 이루어지고, 매월 2천만 원 이상 수입은 반드시 운運을 동반한다고 하였다.

그래서 그 운을 좋게 하기 위해 판자촌 이웃을 위한 연탄 배달 봉사도 하고, 주말마다 복지 시설에 가서 봉사도 하였다고 한다. 지금은 장사하다 어려운 처지에 놓인 개인 사업자를 돕고 있다고 피력하였다.

미국 메이저리그 LA 에인절스에 오타니라는 일본계 선수가 있다.

투수와 타자 모두 훌륭한 성적을 내고 있는 선수이다. 이 젊은이는 몸을 움직이다 휴지가 떨어진 것이 있으면 무조건 줍는 버릇을 가지고 있다. 나중에 인터뷰를 하는 기자가 그 이유를 물었을 때, 자기 운運을 위해서 한다고 고백하였다. 작은 선행이지만 그것이 쌓이고 쌓이면 운으로 돌아온다.

작은 부자가 되고 싶으면 죽도록 일하면 된다.

하지만 큰 부자가 되고 싶으면 운을 만들어야 한다.

남을 위한 일들을 보시라고 한다. 보시만 해도 초선의 하늘에 들 수 있다.

운을 위한 공덕의 순위는 이와 같다.

보통인 100명< 착한 사람 1명< 착한 사람 1000명< 수계자 1명< 수계자 1만 명< 스님 1명< 스님 10만 명< 구도자 1명< 구도자 100만 명< 생불生佛 1명< 생불生佛 1000만 명< 스스로 닦아 부처가 된 이.

내가 부처 되기 위해 공부한 공덕은 그 어떤 공덕보다 최상승이다. 그러니 하루 30분씩 명상의 시간을 가지는 것이 쌓이고 쌓이면 얼마나 큰 공덕이 될까? 그로 말미암아 내게 오는 행운을 얼마나 클까?

돈을 따라가면 절대 돈은 내게 오지 않는다. 돈보다 더 귀한 이가 되면 돈과 명예는 저절로 바다와 태산같이 밀려들 것이다. 하지만 먼저 운을 쌓는 공덕이 있어야 한다. 남을 위한 일을 습관처럼 하여야 하며, 부처 공부하는 것도 습관처럼 쌓아야 함이 먼저이다.

탄허 스님의 경제론

경제經濟 경제의 원어는 경세제민經世濟民(세상을 다스리고 백성을 구제함)이다.
하지만 현대에 와서 투자는 적게 하고 이익을 극대화하는 것으로 변질
되었다. 물질계를 풍요롭게 하는 것의 목적은 크게는 세상을 다스리고
만인의 어려운 처지와 힘듦을 구제하는 것임을 수행자들은 각성해야 할
것이다.

또한 도道를 닦는 수행자들이 끝까지 가난에 머물러서는 아니 된다. 이
산 혜연 선사의 발원문을 보면 모진 질병이 돌때는 약풀이 되어 구제하
고, 흉년 드는 세상에는 쌀이 되어 구제하는 것이 대승 보살과 수행자의
몫이다.

유·불·도의 대석학이시자, 6·25한국전쟁, 울진 무장 공비 사건 등을 예
견하시었고, 대한민국의 국운을 예견하셨던 탄허 스님께서 경제에 대해
서 밝히신 내용이 있어 옮겨 보고자 한다.

경제에는 5단계가 있으니 제1경제는 민생고를 해결하는 돈벌이를 두고 말함이요, 제2경제는 사회 정화의 단계이니 부정부패를 해소해야 얻을 수 있는 단계이다.

제3단계는 인간이 돈으로 살 수 없는 것들을 획득하는 단계이니, 인간 사회에 반드시 필요한 윤리가 구현되는 단계이다. 돈으로 살 수 없는 것에는 예술과 문화 등도 있다.

제4단계는 윤리가 구현되기 위해 필요한 철학이 사회와 국정 전반에 스며들어 있는 단계이다. 지금 대한민국 사회는 3단계에서 4단계로 향해 가는 과정에 즈음하지 않는가 판단된다.

제5단계는 종교宗教가 구현되는 사회이다. 종교라 함은 서양의 Religeon을 종교로 생각하기 십상이나 탄허 스님께서 밝히신 종교는 진리를 구현하기 위한 수행자들의 실천이 현상화되는 세계를 말함이다. 동북아에서는 유교와 불교의 가르침을 종교라 한다. 즉 유교 경전인 대학의 재명명덕(우리 모두의 내면에 내재되어 있는 덕을 밝히는 것에 큰 가르침의 도가 있다는 뜻.)과 대광명의 본성이 곧 우리 모두에게 있는 불성임을 지적하는 불교의 가르침이 종교이다.

다시 말하면 사람의 근본성根本性인 신성神性, 불성佛性을 실천하는 이가 경제 활동의 주인이 되는 사회, 바로 탄허 스님의 경제론에서 밝히는 제일 성숙한 경제 사회이다.

수행자들은 현재 사회와 자신의 처지가 어디에 속해 있는가 잘 살펴봐야 한다.

금권, 무력으로 이룬 패도는 백 년을 가고, 하늘과 땅, 사람을 아우르는 왕도는 오백 년 가고, 천하를 다스리며 하늘을 대신하는 제도帝道는 천 년을 간다. 하지만 나와 세상을 있게 하는 근본을 밝히는 진리의 구도자, 선지자들은 영세불망永世不忘한다.

가문과 국가가 얼마나 지속되는가는 패도覇道, 왕도王道, 제도帝道, 진리眞理의 구도求道에 달려 있다.

사람이 금수禽獸와도 같아지면 하늘은 다시 순환한다. 사람은 하늘과 땅을 있게 하는, 즉 땅을 땅의 자리에 있게 하고, 하늘을 하늘의 자리에 있게 하는 우주를 대변하는 소우주이다. 소우주가 소우주의 역할을 하지 못한다면 대우주 입장에서는 새로운 인류를 생성시킬 수밖에 없다.

눈앞의 물질적 상과 내면의 인식과 감정적인 상에만 사로잡혀 철없이 살 수 있는 시기는 마치 모래시계의 마지막처럼 점점 줄어들고 있다. 인공 지능 시대에 과연 우리는 어떤 선택을 해야 만이 하늘이 원하는 사람다운 사람이 될 수 있을까?

인간의 재능을 지식 축적도로 평가하는 시대도 저물어 간다. 이제 인재를 선택하는 기준이 철학과 도덕성을 갖춘 인간의 시대로 전환되고 있다. 4차 산업 혁명 시대의 인재상은 남을 성공시키는 사람이요, 만인과 공감할 수 있는 사람이라고 한다.

미국 정부의 미래 보고서에 의하면 2033년에는 현재 직업군의 47%가

소멸된다고 한다. 서울대학의 한국 미래 보고서에는 초양극화 시대가 도래한다고 밝힌다. 극소수의 AI(인공 지능) 위에 군림하는 플랫폼 소유주와 정치인, 예술인, 운동 선수 등을 제외한 99.997%의 일반 시민들은 인공 지능의 관리, 선택 아래에 놓여 있을 것으로 추정한다.

역사의 수레바퀴가 그 축을 바꾸는 시대 전환이 온 것이다.

과연 인간으로서 어떤 선택을 해야 할 것인지, 그리고 지금 나의 선택이 나의 후손들과 나의 내생에 어떤 결과를 가져올지 숙고해 보아야 한다.

워렌 버핏과의 점심 식사

워렌 버핏과의 점심 식사가 매해 자선 경매에 자주 나온다. 2022년에는 1900만 달러(약 273억 원)가 넘었다고 한다.

2018년도에 워렌과 식사한 가이 스피어와 모니쉬 파브라이라는 투자자의 후담을 적어 본다.

그들이 워렌과의 식사를 환상적이었다고 평가하였는데, 정말로 궁금하다. 한 끼 점심 식사 시간을 통해 얻은 지혜가 어떠한 것이었는지.

지금 이 글을 읽고 있는 그대는 궁금하지 않은가?
궁금하지 않다면 이후 글은 읽지 않는 것이 좋을 듯싶다. 글로 쓰인 지혜보다 스스로 몸으로 노력하여 얻는 지혜를 더 선호하는 이는 그렇게 하는 것도 틀린 것은 아니다. 다만 시간과 노력 즉 고생하는 기간의 차이만 있을 뿐이다. 인생에 정답은 없다.

워렌과 식사 후 중요한 3가지 사업 방침을 세웠다는데 다음과 같다.

1. 모든 일에 정직하라.

사업뿐만 아니라 인생의 그 어떤 성취도 정직함이 없으면 설사 이루어졌다 해도 곧장 허물어진다. 워렌은 강조한다. 정직성은 어릴 때부터 키워야 한다고. 지금 정직하지 않으면 결코 정직해지지 못한다. 정직한 이를 신인信人이라고 한다. 신인이 되지 않으면 결코 대인大人이 될 수 없다. 큰일을 이룰 수 없으니 큰 부자는 결코 될 수 없다. 워렌이 제일 먼저 강조한 것은 정직한 사람. 신인. 즉 남들이 나를 믿을 수 있도록 하는 능력은 어린 시절의 정직성부터 시작된다고 한다. 지금 내가 가난하다면 지금 이 순간부터 정직해지자. 나에게, 그리고 남들에게, 하늘에게.

2. '아니오.'라고 말하는데 익숙하라.

일정이 빽빽한 사업가가 성공한다고 착각들 한다. 워렌과 빌 게이츠의 일정표는 텅텅 비어 거의 백지 상태라고 한다. 남들의 요청에 '아니오.'라고 말하고 자신이 즉흥적으로 보낼 수 있는 시간을 많이 가지라고 한다. 일정표가 가득 차 있다 해서 자신이 진지한 사람은 결코 아니라고 워렌은 말한다. '아니오.'라고 말할 때 친절함까지 갖춰서 말한다고 하니 글쎄 어떻게 거절을 하는지 필자는 궁금하다.

혼자만의 시간, 즉흥적인 일을 함으로 얻는 것은 무엇일까?

일상적 업무에 억눌렸을 때에 나타나지 않던 창의성과 직관성에서 얻는 지혜가 사업의 지속적 성공을 가져다주었다고 한다.

3. 당신이 사랑하는 일을 하라.

어떤 투자 회사의 CEO는 불우한 사람들을 돕는 것으로 자신을 사랑한다고 한다. 사람마다 자신을 사랑하는 방법이 다 다르다. 그러나 큰 성공을 거둔 사람들의 특징은 남들을 돕고 사랑함을 자신을 돕고 사랑하는 것과 동격으로 친다.

그들은 알고 있었던 것이다. 남과 세상이 자신의 연장선이라는 것을.

옛 성인이 말하기를 '남이 먼저 가지도록 하여 자신이 가지고, 남을 먼저 이루도록 하여 자신이 이루도록 하라.'고 하였다. 즉 자신이 가지고 이루는 법은 먼저 남이 가지고 이루도록 한다. 그러면 그것이 돌고 돌아 자신이 준 것을 잊은 채로 받고 이루니 본인은 한 것 없이 이룬 것처럼 된다. 그래서 그들은 나는 복이 많은 사람이라고 겸손하게 말하는 것이다.

워렌은 또 말한다. 세상에 나갈 때 돈이 필요하지 않다면, 하고 싶은 직업을 가지라고 한다. 즉 돈과 상관없이 내가 해서 기쁜 일, 행복한 일을 직업으로 가지라는 말이다.

대개 세계적 부자들은 다 남을 돕는 데서 자신을 돕고, 남을 사랑함으로써 자신을 사랑한다.

워렌은 마지막으로 고백한다. 자신은 이 모든 지혜를 책을 통해 얻었노라고.

독서를 이기는 것은 없다. ─워렌 버핏

오프라 윈프리의 인생 역전을 위한 3원칙에 대하여

　20세기의 가장 부자인 흑인계 미국인 오프라 윈프리(1954~)는 사생아로 태어났고, 태어나자마자 어머니에게 버림받고 할머니 손에 의해 자라났다. 9살에 사촌 오빠에게 성폭행 당했고, 14살에 미혼모가 된 흙수저 중에 최하위 바닥의 흙수저 출신 토크쇼 진행자이다. 그녀가 어느 대학의 졸업식장에서 한 연설을 옮겨 보았다.

　인생 역전을 위한 첫 번째 조건은 ①'Who am I ?'이다.
　가장 먼저 내가 누구인지 깨닫는 것이라고 말하고 있다. 오프라가 깨달은 자기 자신은 만물의 근원과 연결된 존재이자 영적인 존재라는 것이다. 무엇보다도 자신이 하느님의 자녀임을 깨달았다는 것이다. 오프라는 명상가로서 명성이 나 있다. 그녀는 명상과 기도를 통해 자신이 만물의 근원 즉 우주, 존재의 근원이 자신과 연결되어 있음을 알았고, 육신을 넘어 영적인 존재임을 알았다고 강조한 것을 보아 영적인 체험을 폭 넓게 또는 깊게 하였다고 추론할 수 있다. 또한 그녀는 기독교인으로서 예수만이 하나님의 독생자라는 기독교 근본주의 교리와는 좀 다른 본인 역시 하나님의 자녀임을 자각하였다고 고백한다. 새 출발을 위해 가장 중요한 한 걸음은 '나는 누구인가?'라는 질문이다. 이 질문을 남에게 묻지 말고 자신에게 물어라. 그리고 자기만의 답을 자기 속에서 찾자.

인생 역전을 위한 두 번째 조건은 ②'반드시 기여할 것을 찾아라.'이다.

영어 원문에는 Contribution으로 나오는데 쉽게 생각하면 남에게 이익 되게 하는 것을 찾아라라는 뜻이다. 불교적으로 이야기하면 보시이고 사회적으로 어려운 사람들에게 기부하는 것을 뜻한다.

인생 역전의 세 번째 조건은 ③'항상 올바른 것을 하라.'이다. 여기서 올바름이란 Excellent 즉 가장 우수한, 탁월한 결정과 실행을 하라는 뜻이다. 그녀가 말하고자 하는 진정한 의미는 자기가 잘하는 것 즉 자기의 우수한 능력을 최대한 향상시켜 타인과 사회를 위해 행하라라는 뜻이다.

마지막으로 오프라는 뉴턴의 운동 제3법칙을 이야기한다. 작용과 반작용의 법칙!

세계는, 각자의 인생은 뉴턴의 작용과 반작용의 법칙으로 적용됨을 강조하며 먼저 남들의 이익과 행복을 위한 씨앗 즉 원인을 먼저 지어라라는 말로 마무리한다.

1. 'Who am I ?'의 원칙론

내가 존재하기 위해서는 의식적 원인과 물질적 원인이 먼저 선행되어야 하는데, 의식 이전의 그 어떤 존재와 물질적 있음 그 이전의 존재는 동일하다. 즉 정신적 물질적 근원이 모두가 하나이다. 바로 없음[無]이다. 불교에서는 이를 두고 제법무아諸法無我라고 표현하고 있다. '나'라는 놈이 결국 '무無'라는 근원을 두고 있으며 이 세상 모든 타인과 모든 존재, 모든 의식체(그 어떤 神도 포함하여) 역시 근원은 나의 근원인 '무無'와 같은 것이다. 이것을 관념적으로 아는 것이 아니라, '내가 난데'라는 의식이 낮아지고 낮아지고 낮아져 발뒤꿈치 정도에 붙어 있을 때 성인聖人이 된다고 경서에 나와 있다.

2. 'Who am I ?'의 방법론과 실행론

오프라는 명상가이다. 명상의 기본 3원칙은 집중, 자각, 판단 중지이다. 한 가지 행동, 자세 또는 마음에 집중하면서 내가 지금 무엇을 하고 있는가, 나는 지금 어떤 느낌인가, 자신에게만 집중하여 자각하는 것이다. 사실 우리가 겪는 개인적 심리적 불행은 다 내 마음이 내 자리에 있지 않고 타인 또는 대상에게로만 달려 나가서 생긴 것이다. 당연히 있어야 할 자리에 있지 않고 밖으로 밖으로만 달려 나가니 온갖 사달이 나는 것이다. 그래서 붓다는 숨쉬기부터 가르쳤다. 숫자를 헤아리며 들숨, 날숨에 집중하라고 초기 제자들은 그렇게 배웠다. 이름하여 안반수의법이다. 자각하고 난 다음 이 자각으로 좋다/ 나쁘다, 옳다/ 그르다 등등 판단을 내려서는 안 된다. 판단을 내리는 것과 동시에 집착을 하는 습관이 우리 모두에게 있다. 그냥 볼 뿐, 들을 뿐, 그냥 느낄 뿐을 연습해야 한다. 반복에 반복 이렇게 하는 것이 진짜 명상이자, 진정한 수행이다.

내 마음을 내 마음자리에 두는 것!

이것이 내가 나를 아는 길이다.

진리를 향하고, 행복을 향하고, 성공을 향하는 모든 방법의 근본 원리가 바로 이것이다.

내 마음을 내 마음자리에 두자.

더 이상 내 마음이 밖으로 나가지 않을 때 내 마음 짓은 그친다. 이름하여 지止 멈출 지 하고, 마음 짓이 멈추었을 때 마음은 마치 고요하고 잔잔한 호수와 같이 되어 하늘의 해와 달, 별 등 온 우주가 비추어지게 된다. 그렇게 된 분을 이름하여 수월 보살, 해월 보살이라 칭한다.

내가 온 우주적 존재임을 자각한 자의 행위는 가장 탁월한, 우수한 방법으로 자신(타인과 우주의 모든 물질적, 정신적 존재를 포함한)을 위하게 된다. 아주 섬세하게. 그리고 위대하게.

한 나라를, 세계를 살리는 인재는
어디서 나오는가?

만법유식萬法唯識, 일체유심조一切唯心造, 나와 세상의 모든 것이 다 마음이 낳은 것임을 그 어떤 종교인들보다도 더 잘 아는 불자佛子들 중에서 대한민국과 세계를 살릴 인재가 나오리라 믿는 바이다.

마음은 곧 유식이다. 유식은 5·6·7·8식으로 구분한다. 5식은 안이비설신眼耳鼻舌身으로 눈과 코, 귀 등 우리들의 5관이며 이는 마치 카메라가 눈의 역할을 하는 것처럼 육체의 기관들이다. 6식은 5식으로 들어온 정보로 요별了別 즉 판단을 하는 부분이다. 7식은 사량식思量識으로 해석하는 말라식이다. 철저하게 탐진치貪瞋痴로 이루어진 이기적 의식이다.

8식은 저장식으로 판단 없이 본능적으로 저장하는 의식이다. 저장되었다 연緣을 만나면 현상계로 발현되게 하는 주재자이며 상주자常主者이다.(우리들 8식의 마음이 곧 나와 세계의 주재자이다.)

흔히들 말한다. 6식이 닦이면 한 지방을 살리고, 7식이 닦이면 한 나라를 살리고, 8식이 닦이면 이 세상을 구한다고 한다.

오관의 눈, 코, 귀, 입, 몸 중 하나만 남들보다 뛰어나도 자신과 가족을 풍족하게 한다. 우리가 매스컴에서 보는 가수, 배우, 예능인, 체육인 등은 오관 중에 하나를 발달시킨 사람들이다.

6식은 판단력이다. 6식을 51심소(마음자리)로 나누지만 55심소로 말하곤 한다. 이중에 10심소만 선소善所이고 나머지는 다 악소惡所이다. 우리는 6식 즉 판단하는 마음을 잘 다스려야 한다. 수행자는 악한 마음보다는 착한 마음 10심소를 능장能藏시켜야 한다. 참고로 10선심소는 신信, 불방일不放逸, 경안輕安, 사捨, 참慚, 괴愧, 무탐無貪, 무진無瞋, 불해不害, 근勤이다

7식은 철저한 이기적 마음이다. 아애我愛, 아견我見, 아만我慢, 아치我痴이다. 이 마음을 닦으면 한 나라를 살릴 지혜가 나온다.

참 안타까운 소식이지만 아랍 에미리트를 살리고 있는 산업은 줄기세포 기술이라고 한다. 한국에서 배척당한 황우석 박사가 주도하여 개발한 줄기세포 기술로 벌써 세계적 경쟁력을 가지고 있다.(황우석 박사가 아랍 에미리트의 국보라고 한다.)

덴마크에는 국가보다 더 돈을 많이 버는 덴마크 회사가 있다. Novo nordisk란 회사인데 다이어트 약을 개발하여 국가보다 더 많은 돈을 벌고 있다.(덴마크는 이 회사가 달러를 너무 많이 벌어 와서 강제적으로 저금리 정책을 쓰고 있다.)

독일에는 핵융합으로 전기를 생산하는 기술을 연구하는 Proxima라고 하는 회사가 있다. 핵융합 기술에서 세계 1위는 이 회사이다. 아마 이 회사로 말미암아 석유가 더 이상 필요 없게 되는 시대를 맞이할지도 모른다.(한국도 핵융합기술연구소가 감포 해변도량 맞은편에 있다.)

일본의 전자 산업이 기울어져 국가 경쟁력이 없다 하지만 암을 치유하는 일등 기술인 중입자가속기 기술은 세계 1등이다.(서울의 세브란스 병원에 1대 가동 중이다.)

중국과 대만 문제에서 왜 미국이 대만 편을 들까 생각해 보자. 이 시대는 반도체가 모든 산업의 쌀이다. 반도체가 없으면 아무런 산업도 일궈낼 수가 없다. 대만은 파운드리 반도체 생산이 1등인 나라이다.(참고로 우리나라는 메모리 반도체 생산 1위 국가이다.) 대만이라는 작은 섬나라가 중요한 것은 그러한 기술을 가진 회사가 있기 때문이다. 결국 한 회사가 한 나라의 안보를 책임지고 있는 것이다.

세간의 범인들은 말한다. 마음공부하면 돈이 나오느냐고.

돈이 나온다. 그것도 엄청난 돈이 나온다.

이기적인 마음을 닦고 닦으면 7식이 발달되어 세상과 평등한 안목을 가지니 저절로 많은 대중들의 안락과 이익을 주는 생각이 나온다.

부모들이 마음공부(경전 공부와 명상) 하는 본을 보여 주어야 한다. 그래야 어린 자식들이 보고 배운다. 미래의 한국이 세계의 종주국이 되고 세계의 모범 국가가 될 수 있는 기회가 바로 우리들 앞에 놓여 있다.

나와 세계의 주재자는 바로 나와 우리들이다.(따로 창조주가 없다. 우리가 창

조주이다.)

바위 보고 빌지 말고, 눈에 보이지 않는 신들에게 빌지 말고, 나의 마음
=유식을 공부하고 이해하여 내 마음을, 우리들의 마음을 잘 다스리자. 마
음 다스리는 것이 도道다. 잘 다스리려면 알아야 하고 알려면 공부해야
하고, 알고 나면 실천해야 한다. 반복 반복해서 8식에 잘 저장되면 이 세
상에 저절로 구현된다. 그래서 도인은 노력하지 않는다. 도리에 맡길 뿐.

화엄의 교학敎學(화엄의 가르침)

석가모니불께서 득도하신 후 깨달음의 온기가 가득한 음성이 담긴 경전이 『화엄경』이다. 화엄의 가르침은 크게 세 부분으로 나눈다. ①육상원융六相圓融 ②법계연기法界緣起 ③십현문十玄門이 있지만 논자가 한마디로 표현하면 차제원융次第圓融이다.

씨앗-싹-줄기-꽃-열매-씨앗-싹-줄기-꽃-열매-씨앗…….

씨앗과 열매가 원융하다. 싹, 줄기, 꽃에도 씨앗과 열매 등 모든 과정이 들어 있으니, 현상계의 각 순서마다 모든 것이 다 녹아들어 있는 것이 현상계의 진리이다.

씨앗을 깨우치지 못한 중생이고 열매를 깨달음을 얻은 부처라 했을 때, 씨앗 안에 부처의 성질이 들어 있다고 보아야 한다. 즉 중생에서 부처가 난다는 말이기도 하다.

씨앗이라는 중생에게서는 불성佛性뿐만 아니라 업으로 이루어진 중생성도 있다. 또 중생성 안에 불성이 있기도 하다. 이 둘은 서로 다투지 않고 융합해 있으니 중생의 선택에 의해 중생과 부처가 나누어진다. 즉 발심을 했느냐 안 했느냐의 차이로 불성과 중생성의 나타남이 결정된다.

발심!
씨앗이 부처가 되고자 발심하는 순간은 씨앗이 땅속으로 파묻히는 때이다. 씨앗이 땅속에서 자신을 분해하고 해탈하면(썩게 되면) 싹이 땅을 뚫고 올라온다. 태양빛을 받고 물기도 머금고 산들산들 바람도 쐬고, 밤이면 달빛, 별빛을 받고 자라나면 꽃을 피우게 되고, 꽃이 지면 열매를 맺게 된다.

한 씨앗이 해탈하여 꽃을 피우고 열매를 맺게 되면 그 열매는 천백억 중생을 공양할 수 있는 부처가 되는 것이다. 그래서 한 부처의 가치가 삼천대천세계를 미진으로 만들어 미진수의 삼천대천세계를 만들고도 남는다.

그러니 공부工夫하자. 공부는 공부하는 이, 즉 공부하는 것이 직업임을 말하는 것이다.
농사를 지으면 농부, 물고기를 잡으면 어부, 공부를 하면 공부가 되는데, 공부할 때는 농부, 어부처럼 공부工夫(학문이나 기술을 익히는 이, 또는 행위)가 되어야 한다. 먹고사는 생업이 우선이 아니고 생업이 공부를 위한 수단이 되어야 하고 공부가 직업이 되어야 한다. 인생이라는 사람의 탈을 쓰고 불법을 만난 최고 복혜자福慧者들의 직업이 바로 공부인 것이다.

수행자와 중생의 차이

수행자는 견성見性하고 중생은 견상見相한다.

수행자는 공空을 보고, 중생은 형상을 본다.

수행자는 본디 나에게 있는 자성自性을 보려 수행을 한다. 파도 끝을 따라가는 것이 아니라 파도가 온 곳을 보려 한다.(폭포수를 거슬러 올라가는 연어 떼를 보고 저 물고기들이 바로 나와 같다는 옛 선지식인들의 말씀이 있다.)

파도가 일어난 심연을 찾아보는 공부가 유식학이다. 바다의 근본을 알기 전까지의 공부이지만 바다의 해인海印을 본 자의 안목에는 그 역시 성문, 연각, 보살의 공부가 다 같은 일승의 공부이다.

중생은 상相=형상을 따라가는 습관적 아집이 있다. 아집이란 나를 중심으로 생각하고 행동하는 것이다. 그것이 바로 중생의 업이다. 업이란 결국 습관이요, 업장소멸은 습관을 교정하는 것이다. 즉 생업(먹고살기만을 위한 행위)에서 도업(근본을 찾아가는 행위)으로 교정하는 것이 수행자이다. 그래서 도道는 반복의 반복인 것이다.(빼먹지 말고 꾸준히 포기하지 않으면 반드시 성불한다고 부처님께서 천명하셨다.)

하늘을 나는 새는 날다가 죽고, 물고기는 물속을 헤집고 다니다 죽고, 인간은 먹고살기만을 하다 죽는다. 먹고살려 했는데 그 끝은 죽음인 것이다.

형상만 따라가는 중생은 '나'가 있다는 꿈속에서 사는 이들이다. '무아無我'를 아는 것이 견성이요, 공空의 자리요, 무명을 떨쳐 내는 자리이다. 지혜와 자비가 있는 자리이니, 왜 중생을 내 몸처럼 사랑해야 하는지 이유를 아는 자리이다.

꿈속에서는 나타나는 형상이 있고 사라지는 형상이 있다. 즉 있다·없다(有·無)가 있다. 하지만 꿈을 깨고 나면 꿈속에서 오고 간 모든 것들이 사라진다. 즉 오고 감이 없다. 있다·없다는 사라진다. 나의 인생이 꿈이요, 이 세계가 꿈인 줄 아는 것이 무명을 떨쳐 내는 견성의 자리이다.

꿈을 깬 이(견성한 이)도 한 번 꿈을 깼을 뿐, 다시 잠들려 하는 습관이 있고, 다시 꿈을 꾸려는 습관이 남아 있다. 깨어 있는 습관을 다시 길러야 하는데 그 습관을 체계적으로 하는 것이 명상 수행법이다.(수식-상수-지-관-환-정)

새로운 습관이니 힘들다. 그래서 도력은 업력을 이기지 못한다는 말이 전해져 내려온다. 이 말은 수행을 해 본 자의 심정에선 나온 말이다. 머리로만 생각으로만 수행한 자들은 이 말을 거짓이라 생각할 것이다. 이름하여 구두선口頭禪자의 안목이다.

아침 20분, 저녁 20분, 호흡 명상을 하고 일상 중에 들숨에 관세음보살, 날숨에 감사합니다. 꾸준히 포기하지 않고 하면 이고등락離苦登樂할 뿐더러 반드시 불위佛位에 오를 것이라 믿는다.

자존심과 자존감

　타인으로부터 자기 존재감이 상실되었을 때, 보통 자존심이 상하였다
고 한다.
　그런 의미에서 자존심 상하였다는 것은 아상我相에 영향을 끼쳤음이다.
　오래전에 배워 마음속에 간직한 말이 있다.

　'성인聖人은 발뒤꿈치로 숨을 쉰다.'

　숨 쉼은 코로 한다. 그 코=아상이 발뒤꿈치에 있어서 숨을 발뒤꿈치로
쉰다는 뜻이다. 나 역시 청·장년기에 아상이 높았다. 지금은 연세가 90
세가 훨씬 넘은 고위 공직자 출신의 도반이 있었다. 이 도반이 나와 친구
를 하자고 고백해서 한동안 많이 당황스러웠던 적이 있었다. 높은 아상
을 가진 도반으로 말미암아 마음 상하셨을 것이다. 30살 이상 차이가 나
는 도반인 나에게 서로 말도 놓고 동무하자는 말씀에도 나는 나의 아상
을 놓지 못했다.

아상이 높은 자의 내면을 들여다보면 타인으로부터 인정받지 못하였을 때 자기 정체성에 입은 상처가 깊다.

결국 과거를 극복하지 못한 자들의 특징은 자존심이 센 인격체들이다.

세월이 흘러 주변 친구들이 하나둘씩 고위 공직에 올라갔다 정부 부처나 국회, 법원, 도청, 시청을 방문했을 때 그냥 친한 친구라는 이유 하나로 안내하는 공무원들이 귀한 대우를 하였을 때, 그때 깨달은 것이 있었다. 내 주변인들이 성공하고 고위직에 올랐을 때 나도 덩달아 그런 대우를 받는다는 것이다. 자기 주변인들을 폄훼하고 무시하는 이는 결코 귀한 대접을 받지 못한다.

사람은 사람들이 사람이다. 내 주변에 있는 이를 존중하고 귀히 여겨야 훗날 그들의 성취로 말미암아 나 역시 존중받고 귀한 사람이 된다.

'이웃을 네 몸처럼 사랑하라.'는 그분의 말씀은 자신을 타인으로부터 존중받는 영혼이 되게 하는 가르침이었다.

자존감은 사실 조건이 없다. 나 이외 아무것도 없음이 삼계이다. 비교할 대상도 없으니 버려야 할 대상도 버려야 할 장소도 없는 것이 만법귀일임을 깨닫고 그 하나가 '나'로 귀속됨을 깨달은 자가 가지는 것이 자존감이다.

타인이 나이니 타인으로부터 그 어떤 자존심 상하는 이야기를 들어도 이 세상에 나밖에 없다는 자존감을 느낀 자에게는 결코 상처가 되지 않는다.

　어느 날 그렇게 자존심 센 한 수행자가 자존심이 무너지고 자존감이 설 때, 고령의 도반 수행자에게 잘못한 행위에 대해 깊은 참회를 하게 되었다. 지금 살아는 계실지……. 불사佛史님의 건안과 성불을 빈다.

예참禮懺 = 예불과 참회

부처님과 보살님들에게 예경禮敬하고 참회懺悔하는 것으로 지옥, 아귀, 축생, 아수라, 인도人道를 벗어날 수 있다. 그리고 육안肉眼, 천안天眼, 혜안慧眼, 법안法眼, 불안佛眼을 가질 수 있다.

본생경에 전해져 내려오는 스님들의 예불 의례를 흉내 낸 원숭이들이 다음 생에 도리천에 환생한 이야기도 있다.

『현자오복덕경』에 밝히기를 법회에 동참하는 공덕으로
① 법을 듣는 사람은 살생을 하지 않기에 금생에 장수를 누린다.
② 법을 듣는 사람은 보시를 행하기에 금생에 큰 부자가 된다.
③ 법을 듣는 사람은 뜻이 온화해지기 때문에 금생에 단정한 모습을 얻는다.
④ 법을 듣는 사람은 삼보에 귀의하기에 금생에 명예를 얻는다.

⑤ 법을 듣는 사람은 묘한 지혜가 밝아지기 때문에 금생에 총명함을 얻는다.

『미증유인연경』에서 말하기를

"금생에 법문을 들었으나 깨닫지 못하였을지라도 법을 들은 공덕이 없어지지 않고 남아 있어, 생사윤회를 거듭하더라도 그 공덕을 누리게 된다. 법을 들어 이룬 지혜는 생사를 초월하는 감로수이며 중생을 병을 고쳐 주는 훌륭한 의사이며 세찬 물결을 안전하게 건너게 하는 다리이며 큰 바다를 건너 주는 튼튼한 배와 같다."

부처님을 찬탄하는 행위는 내가 부처가 되는 공덕을 얻는다. 석가모니불정근으로 알려진 다음 게송은 정작 석가모니불 전생에 고불古佛 부처님을 찬탄한 게송이다.

이 찬탄한 공덕으로 석가모니불께서 부처가 된 것이다.

「나무南無 영산불멸靈山不滅 학수쌍존鶴樹雙尊 시아본사是我本師 석가모니불釋迦牟尼佛」

천상천하무여불天上天下無如佛
시방세계역무비十方世界亦無比
세간소유아진견世間所有我盡見
일체무유여불자一切無有如佛子

도道의 실천은 공경함으로 시작한다. 남을 비방하면 내가 비방받게 되고, 남을 찬탄하면 나 역시 찬탄하는 대상과 같이 된다. 이 뜻을 안 불자는 법회에 자주 참석하여 금생의 행복뿐만 아니라 내생에 부처가 될 공덕을 쌓아야 할 것이다.

정각正覺(바른 깨달음)으로 가는 여정

『천수경』에서 힌트를 얻을 수 있다.

'나무대비관세음 원아속지일체법, 조득지혜안, 속도일체중, 조득선방편, 속승반야선, 조득월고해, 속득계정도, 조등원적산, 속회무위사, 조동법성신.

일체법을 알고, 지혜의 눈을 얻고, 일체중생을 제도하고, 착한 방편을 얻고, 반야선을 타고, 고해의 바다를 넘고, 청정계를 어서 얻고, 원적산(열반 세계)을 오르고, 무위법을 얻고, 진리의 몸과 하나 될지이다.

고해의 바다(인생)를 건너갈 때 필요한 것은 일체법(세간과 출세간의 법)을 알아 혜안을 얻어야 한다. 그리고 중생 제도의 행을 통해 착한 방편을 수지하는 것이 진리로 가는 반야선이며 인생 고해가 더 이상 고해가 아닐때, 원적산을 오른다. 원적산을 오를 때는 뗏목과 같은 방편을 놓아야 한다. 해서는 안 될 일을 하지 않으며 반드시 해야 할 일은 저절로 하게 되는(종심소욕불유거) 경지로 원적산을 오른다. 하고도 함이 없을 때 진리와 법체와 하나 된다.

혜안을 얻기 위해 일체법을 알아야 한다. 『화엄경』의 원융무애를 배워 세간과 출세간의 법을 알아야 한다. 소유상所有相을 넘어서는 이상離相을 배운다. 일체의 상을 떠나 반야(공)에 머물 수 있음을 알려 주는 경이 『금강경』이다. 원적산을 오를 때는 가짐이 없어야 하고, 내려올 때는 한 티끌도 버림이 없어야 한다. 종극의 경지는 화광동진이요, 입전수수이다. 중생의 아픔이 나의 아픔이 되고, 보리도와 중생이 함께 어울어져 있어도 세상에 물듦이 없다.

마음공부 해서 다른 이들보다 더 나은 이가 되려 하기보다, 나를 통해 나보다 더 나은 이웃을 만드는 것이 화광동진이다. 남에게 주목받기보다는 세상을 이롭게 하고 만인을 행복하게 해 주는 인천人天의 스승이 될 수 있도록 도와주는 이가 진정 보살이다.

『화엄경』을 통해 통찰지를 얻고 『아함경』을 통해 성인이 사람의 몸을 통해 도를 이루어 가는 여정을 배우며, 『유마경』을 통해 대승의 정신을 습득하고, 『금강경』을 통해 세상을 멸하지 않고 그대로 둔 채 세상이라는 상에서 홀연히 떠날 수 있음을 배운다. 『법화경』을 통해 보살도를 행할 동기와 원력을 가지고 보살행을 하는 것이 불도를 공부하는 바른 여정이 아닌가 한다.

진리를 가리키는 모든 것이 방편임을 알고 진리와 하나 된 자는 말이 없다. 결국 안 자에게는 말이 필요 없고, 자기의 상과 말이 필요한 자는 아직 다 알지 못한 자이다.

마음 내려놓기(방하착放下著)

마음은 비물질적 존재라 무게도 없고 형상도 없건만 어려운 환경이 계속되면 고통스러움을 느끼고 고통이 계속되는 스트레스로 말미암아 힘든 마음이 되어 버린다.

마음에 힘이 더 가면 몸도 따라 힘이 들어가고 저도 모르게 몸이 굳어진다. 어깨가 굳어지고 몸 곳곳이 굳어진다. 더 나아가 몸 안의 장기들이 과부하가 걸린 상태로 시간이 지속되면 온갖 병이 발생한다. 요즘 병원가서 병의 원인을 무엇이냐고 의사에게 물어보면 십중팔구는 스트레스라고 말한다.

착한 불자들이 부처님과 같이 성불하고자 발심해서 닦아 가는 마음공부의 단계를 『화엄경』에서는 52계위로 설명하고 있다. 먼저 10신信, 10주住, 10행行, 10회향廻向, 10지地, 등각, 묘각으로 나누고 있다.

믿음의 단계 10신은 10주, 10행, 10회향, 10지 모든 수행의 기본적인 덕목이다. 그래서 믿음을 모든 공덕의 어머니라고 부른다. 10주의 제1주는 발심주發心住라 해서 공空의 이치에 머묾을 말한다. 색즉시공, 공즉시색의 의미를 알고 그 마음에 머묾을 말한다.

우리는 공심空心이라 하면 오해를 한다. 물론 선정 중에 적멸한 마음에 들기도 하지만 일상생활 중에 어떻게 공심을 가지는가에 대해서는 매우 서툴다.

NAMO=南無=나무=귀의한다
'귀의한다.' 함은 몸과 마음을 다 맡긴다는 뜻이다. 진정 몸과 마음을 다 맡긴 나의 마음 상태는 어떠할까?

어떤 기도를 하든, 어떤 수행을 하든, 어떤 일을 하든 그 결과는 귀의하는 대상에 다 맡긴다는 뜻이다. 하지만 우리는 결과에 집착한다. 결과에 집착하는 순간 우리들의 마음은 마이너스(一)적인 마음이 된다. 그리되면 기도 내용이 현상계로 일어나질 않는다. 그러니 기도는 완료형으로 해야 한다. '감사합니다.'로 해야 한다. 모든 것이 다 완성되어 나의 마음은 지극히 감사한 마음밖에 없음을 강조해야 한다.

수식관=호흡 명상은 석가모니께서 깨닫기 전이나 후에도 계속하신 수행이다. 들숨, 날숨 하시면서 자신을 신수심법身受心法을 관찰하면서 마음속으로 되뇌여 보자.

감사합니다. 나무관세음보살(모든 도리를 다 마쳤음에 감사합니다./ 나의 마음속
에 일고 있는 모든 바람과 고통 그리고 '내가 난데'라는 아상까지 모두 관세음보살님께 다 맡
깁니다.)

결론: 마음 내려놓기는 그냥 할 뿐, 결과는 관세음보살님께 맡긴다는
뜻이다. 결과에 절대 집착하지 말고, 오로지 감사한 마음과 맡긴다는 마
음에 머묾이 바로 마음 내려놓기이다.

우리는 왜 자신을 사랑하지 못하는가?

각자 자기를 얼마나 사랑하는가 돌아보자.

자기 사랑의 측도는 결국 내 앞에 있는 사람이나 대상을 얼마나 사랑하는가에 따른다.

'중생을 7대 외동아들처럼 사랑하라.'

'이웃을 네 몸처럼 사랑하라.'

옛 성인들께서 우리들께 남겨 주신 귀한 말씀을 우리는 이해하지도, 실천하지도 못한다.

사랑을 저렇게 하라는 가르침을 이해하고 실천하기 위해 우리는 수도
修道의 길을 간다.

마치 산을 오르는 것과 같다.

멀리서 산을 본 사람이 있고, 가까이 다가가서 보는 이가 있고, 산을 오르는 이가 있다. 오를 때는 가짐이 없어야 하니 무소유행을 하여야 한다. 오르는 길에 절대 뒤를 돌아보지 말라는 뜻으로 하심을 강조하였다.(돌아

보는 이는 세상이 발아래로 보이니 교만으로 가득 찬 사이비 교주가 된다.)

정상에 서니 허허공공이라 법계불과 하나 된다. 사람의 몸을 지니고 법계불과 하나 된 자리에서 내려오니 하산 길에는 단 하나의 티끌도 버림이 없어야 한다. 세상의 한 티끌조차 나와 한 몸이니 그 어찌 버릴 수가 있는가! 그러니 세세생생 중생계가 허공계가 다할 때까지 나와 한 몸인 중생 구제의 서원을 할 수밖에 없다.

다 내려와 산 아래 마을의 부처님, 하느님을 어찌 섬겨야 할지 숙고하다 입전수수入廛垂手(가게에 들어가 손을 드리우다)의 각설覺設이가 되니, 중생이 주는 밥 한 덩이를 먹고 중생의 안색과 형편을 살펴 가며 중생의 길흉화복을 본다. 중생을 내 몸처럼 사랑하는 길을 실천하는 것이 내가 배운 중생을 사랑하는 길이다.

그렇게 사랑함으로 나 자신을 사랑하는 것이다.

나 자신을 사랑하는 데는 이유가 없다. 그냥 사랑할 뿐.
바로 나이기에 귀하디귀하고 지극히 지극히 사랑한다. 가장 귀한 것을 주고, 가장 이로운 것을 주려고 애쓴다.

가장 귀한 것이 무엇인가? 가장 이로운 것은 무엇인가?
생로병사에서 벗어나는 것은 무엇인가?

열반에 드는 길이 가장 귀한 것이요, 생로병사에서 벗어나는 길이다.

그래서 지금 이 순간에도 6근(안이비설신의)으로 이루어진 도깨비 같은 환영의 나에게 속지 말고, 6근을 잠시라도 쉬시고 상락常樂의 본디 자아를 보시라 외친다.

너와 나, 세상이 본디 '나'이며, 마음에서 마음을 내지 않는 그 자리가 열반의 자리이며, 우리 모두가 사랑으로 이루어진 자리이다.

사랑이기에 사랑할 수밖에 없는 바로 나이기에 나는 나를 사랑할 뿐이다.

백중百中의 유래

우란분절은 산스크리트어 '울람바나Ullambana'에서 유래한 말로 '거꾸로 매달린다.'는 뜻을 가지고 있다. 우란분于蘭盆은 거꾸로 매달려 있는 것을 풀어 준다는 의미가 있다. 거꾸로 매달려 있듯이 힘든 상태에 있는 지옥 중생들의 천도를 위해 재공양齋供養을 올리는 날이라는 뜻.

우란분절의 유래는 석가모니 부처님의 십대 제자 가운데 한 사람인 목련 존자의 효심에서 시작됐다. 어머니가 사후에 지옥에서 고통받는 모습을 본 목련 존자는 부처님께 어머니를 천도할 수 있는 방도를 청했다.

이에 부처님께서는 "너의 어머니는 죄의 뿌리가 깊어서 너 한 사람의 힘으로는 어찌할 수 없다. 시방의 여러 스님들의 위신력을 얻어야 해탈할 수 있을 것이니 시방의 여러 대덕 스님에게 공양하라."고 말씀하셨다.

불교 의례로서 백중은 백 가지 과실과 음식을 차려 놓고 대중 스님들께

공양을 올린다고 하여 백종白腫이라고도 하는 것이다. 이 공양으로 살아 계신 부모와 돌아가신 7대 조상 친족이 고통에서 벗어나게 된다고 한다.

배움과 가르침에 관한 사유

지성智性을 바르게 닦으면 덕성德性과 감성感性이 절로 따라온다.

흔히 공부만 잘하는 학생 중에 품행이 바르지 못한 경우를 볼 수가 있다. 그것은 지성을 닦는 자세가 바르지 못하여 그러하다.

유가의 순자와 주자가 주창한 것이 거경함양居敬涵養, 격물궁리格物窮理로 지혜를 구하라는 것이었다. 배움을 청하는 자는 스승과 자연에 대한 공경함을 취하여야 한다고 했다. 예로부터 도道는 예禮로써 닦는다 하였으니 예가 아니면 보지도 듣지도 말 것을 주장하였다.

다음 격물궁리로 12연기법을 사유해 보면 단순히 나열된 단어를 외울 때보다 훨씬 더 큰 깨달음을 얻을 수 있다. 책에 나오는 문장을 연이어 읽을 때보다 읽고 나서 사유의 시간을 가질 때 자신과 동기화됨을 느낄 수 있다.

지혜를 전달하는 교사敎師의 입장을 숙고해 보면 배움을 청하는 학생을 통해 오히려 더 큰 가르침을 받는 것을 알 수 있다. 이 사실을 절감하는 젊은 세대들은 가르치려 드는 꼰대의 행실에 부정적인 반응을 보인다.

교사는 가르침을 청하는 학생들과 자신이 평등한 존재임을 먼저 자각해야 한다. 자신 앞에 있는 학생들 중에 훗날 자신보다 더 훌륭한 스승이 나올 수도 있음을 상정하고 교단 위에 서야 한다.

교사의 자질 중 가장 기본적인 것은 평등심이요, 학생의 기본적 마음은 공경심이다. 이름하여 수평적 질서와 수직적 질서이다. 이 두 질서가 만나 우주라는 현상계와 보이지 않는 수많은 차원을 형성한다. 세상은 아주 간단한 이 두 질서로 이루어져 있음을 사유해 본다.

무상無常함을 어떻게 닦을 것인가?

2023년이 저물고 2024년을 맞이하는 즈음이다. 돌아보면 천둥이 치는 하늘의 번갯불처럼 지나가는 세월이다. 우리는 그러함을 알면서도 고통의 순간을 맞이하고, 지금 이 순간에도 여러 근심·걱정을 안고 살아간다.

다 지나간다. 나도, 너도, 그리고 이 세상도.
알면서도 왜 우리는 행복보다 불행을 더 안고 살아가며 전도몽상 하고 있을까?

만법유식萬法唯識, 일체유심조一切唯心造.
다 나의 마음이 짓고 내가 받는 자업자득의 법리 속에 살며 볼 뿐, 들을 뿐, 할 뿐의 도리道理를 놓치고 살아간다.

불타의 삼승三乘은 일승一乘을 위한 것이다.
파도를 떠나 바다로 향하는 길을 중생 근기에 따라 삼승의 길을 열어

설법하였지만, 궁극적 진리는 파도 속에서도 바다와 함께하는 원융무애한 자재심을 가지는 것이 원효의 일심론이고, 불타의 일승이다.

마음에서 마음을 내지 말라는 말이 그렇게도 어려웠던가.
마음에서 마음을 내지 말라는 말은 『금강경』의 응무소주이생기심應無所住而生其心과 같은 의미의 문장이다. 우리는 밖의 경계를 맞이하는 순간 볼 뿐, 들을 뿐의 단계를 번개처럼 지나고 곧장 좋다/ 나쁘다, 옳다/ 그르다에 집착한다. 집착하여 마음을 일으키니 만법유식하여 내가 판단한 대로 세상에 나타난다.

세상의 주인 입장이라면, 만중생의 어버이의 입장이라면, 어떠한 마음을 일으켰을까?
바로 그러한 마음이 모든 불타들의 마음이지만 그러한 마음에 도달하지 못하더라도, 마음에서 마음을 일으키지 않은 상태의 평정심에 비추어지는 대로 관조하는 것은 보살 수행자의 안목이다.

일상생활 속 명상은 볼 때 그냥 볼 뿐을 명심하고, 들을 때 그냥 들을 뿐을 명심하는 것이 일상 명상이다. 좋아하고 싫어하는 마음을 내는 순간 우리는 자동적으로 집착하고 8식 아뢰야식에 저장한다. 저장하는 순간 반드시 내가 보고 들은 대로 이 세상에 나타난다. 정 안 되면 남을, 세상을 좋게 보도록 노력하자. 그것이 현명한 사람의 선택이다.

갑진년 새해는 희망찬 청룡의 해이다. 동방의 인자함을 갖춘 용이 창공을 뚫고 온 세상에 비추어지는 해이다. 우리가 자신을, 가족을, 이웃을, 세상을 얼마나 사랑하였는가가 세상에 나타나는 해이다.

새해에는 어짊과 자비심이 충만하여 더욱더 건강하고 아름다운 도반들이 되기를 두 손 모아 기원한다.

세상에서 가장 어려운 '나'를 이기는 법

　'사람은 고쳐 쓰는 법이 아니라 쓸모에 맞게 써야 한다.'라는 용인술用
人術에 나오는 말은 사람을 바꾸는 법이 그토록 힘이 든다는 뜻이다. 하지
만 사람이라면 그 누구라도 불성이 있으니 부처가 될 수 있는 종자가 각
자의 아뢰야식 속에 내재되어 있다. 하려 하지 않았으니 못 하는 것이요,
방편이 없으니 하지 못하는 것이다.

　첫째로 발심을 내어야 하고, 둘째는 방편의 지혜를 얻어야 한다. 앞서
간 자로부터 발심은 얻지 못할지언정 방편의 지혜는 얻을 수 있다.

　옛날 페르시아의 왕이 몹쓸 병에 걸려 백약이 무효였다. 나라에서 제일
가는 의사가 사자의 젖을 먹을 수만 있다면 왕의 병은 치유될 것이라 진
단하였다. 하지만 그 누구 하나 맹수의 왕인 사자의 젖을 구하겠다 나서
는 자가 없었다. 한 지혜로운 사내가 양 열 마리만 주면 사자 젖을 구하여
오겠노라 하였다.

암사자가 새끼에 젖을 주는 동굴 입구에 가서 양 한 마리를 암사자에게 던져 주었다. 암사자는 단숨에 양을 잡아먹었다. 그다음 날도 양을 한 마리 던져 주면서 좀 더 사자에게 가까이 다가갔다. 그런 식으로 열흘째 되는 날 마지막 양을 던져 주었을 때는 새끼 사자들과 같이 암사자 곁에서 놀 수 있을 정도로 친분을 쌓았다. 그때 사내는 암사자로부터 젖을 짜내어 사자의 젖을 구할 수가 있었다.

'나'라는 운명은 사자처럼 사납다. 단숨에 운명을 이길 수 없다면 운명에게 한 발자국씩 다가가는 방편을 써야 한다. 열흘이 걸릴 수도 있고, 100일이 걸릴 수도 있다. 꾸준히 나의 운명에게 다가가게 되면 운명을 내 뜻대로 바꿀 수가 있다.

한 발자국씩 다가가는 법은 호흡 명상=수식관이다. 들숨, 날숨, 집중을 하면서 숨이 들고 남을 관찰하고, 몸의 전체 느낌을 관찰하고, 몸의 형성에 대해 관찰하고, 감정을 관찰하고, 외부 세계가 아닌 순수한 마음체의 세계를 관찰하다 보면 눈앞과 마음속에서 펼쳐진 법계가 다 공한 것으로 이루어져 있음을 깨닫는 날이 온다.

모두가 공한 것으로 이루어져 있고, 다만 인연이 모이고 흩어지는 것이 나와 법계임을 깨닫는 날이 오면 그토록 나를 사납게 이리저리 몰아 부친 운명을 바꿀 수 있는 지혜가 저절로 나타난다.

단숨에 깨닫고 단숨에 바꾸는 것을 돈오돈수라 한다. 하지만 그것은 전생에 수행복덕을 많이 쌓은 수행자의 소식이고, 우리들처럼 중하근기의 수행자는 양 열 마리를 준비해야 한다.

　양은 선함의 상징 동물이다. 먼저 착해지자. 내 이익을 참고 남의 이익을 도모해야 하고, 선함 중에 제1선은 믿음이다. 먼저 진리를 믿고, 덕 있는 자를 믿고, 능력 있는 자를 믿어야 한다. 제1 선함이 믿음인 줄 아는 이가 드문 시대에 자신과 진리를 믿는 것이 얼마나 힘든 것인 줄 잘 안다. 또 덕이 있는 자를 알아보지 못하고 오히려 폄하하는 시대이다. 그러니 덕 있는 자를 존중하기 힘든 말세를 우리는 산다. 유능자가 있어도 그의 과거 실수로 말미암아 유능함을 믿지 못하는 시대를 우리는 살고 있다. 잘 보고, 잘 믿어야 한다. 그래야 양 열 마리를 구할 수가 있다.

세상은 흑백으로만 이루어져 있지 않다

　요즘 우리나라의 3가지 중요한 사회 문제로 남북 갈등, 동서 갈등, 좌우 갈등을 이야기 한다.

　남북 갈등은 남과 북의 체제 갈등을 말하고, 동서 갈등은 선거 때마다 나타나는 지역 갈등이며, 좌우 갈등은 좌익(진보)과 우익(보수)의 갈등을 말한다.

　그런데 이 세상을 이루는 기본 원자는 양성자, 중성자, 전자이다.

　중성자라는 기본 물질이 존재한다는 것이다. 물론 생성하여 존속하는 시간을 짧지만 분명히 존재하는 것은 맞다. 그리고 세상을 움직이는 원리인 태극을 보면 양의 성질이 차면 음으로 돌아가고 음의 기세가 차면 양으로 돌아가는 무한 반복의 무상한 원리를 가지고 있음을 알 수가 있다.

　즉 현상계에 나타나는 움직임은 영원한 좌측도 영원한 우측도 없음을 말한다. 한때 진보 운동을 한 인사가 보수로 전환해 정치 활동을 하는 이

도 있으며, 개인적인 옳고 그름의 기준 역시 좌우를 오고간다. 하지만 언제부터인지 진보 성향을 가진 사람들은 보수 성향을 가진 사람들을 원수로 여기고, 보수는 진보를 사람 취급하지 않는 경향이 사회 저변에 면면히 흐르고 있다.

좌와 우만 있지 좌우를 한 몸으로 생각하는 주인 의식을 가진 이를 주변에서 찾아보기 힘들다. 특히 동서 지역에서는.

'중생을 7대 외동아들처럼 여겨라.'라는 부처님의 가르침을 상기하면 비록 가치 기준이 다른 좌우의 성향일지라도 서로 존중하여야 할 터인데 우리는 언제부터인지 그러한 존중감을 상실했다. 아마 한국전쟁의 영향이 아닌가 싶기도 하다.

신미양요 때 강화부사는 내일 전쟁을 치러야 할 미국 전함에 시원한 생수와 푸짐한 먹을거리를 가져다주었다. 전쟁을 치러야 할 상대이지만 자기를 찾아온 손님에 대한 대접을 먼저 한 것이다. 이것이 한국인의 정이며 먼 뱃길을 온 타인에 대한 기본적 예였다. 즉 원수에게도 베푸는 것이 한국인의 정情이었다.

곧 나라의 동량을 뽑는 총선일 다가온다. 각 정당별로 공천이 다 마무리가 되어 가는 형세이다. 먼저 주인 의식이 있는 사람을 눈여겨보아야 한다. 좌우를 공이 같이 자기 몸처럼 여기는 이를 뽑아야 한다. 마치 우리의 몸에 왼손과 오른손이 있고, 왼손과 오른손의 역할이 다르듯 서로 존중해 주는 이를 지도자로 뽑아야 한다.

또 인격의 성장 과정의 측도인 미인美人 즉 아름다운 사람인가를 눈여겨보아야 한다. 왜냐하면 미인 다음에 대인大人이기 때문이다. 대인은 자기의 선함이 나라 전체에 영향을 주는 이다.

미인은 자기 주변의 모든 사람이 그분으로 인해 이익을 보고 좋아지는 이를 두고 말함이다.
정치판의 인사 중에 누가 과연 진정으로 미인인지 잘 살펴보면 우리는 금방 눈치챌 수 있다.
자기 주변에 사람들이 자기로 말미암아 피해를 입고 있다면 그 사람은 결코 미인이 될 수 없다. 단지 정치 성향이 좌이냐 우이냐를 보지 말고 과연 자기 주변인을 다 좋게 만드는 사람인지, 범법자로 만드는지, 이익을 주고 옳은 방향으로 이끌고 있는지 살펴야 한다.

어린아이 앞에 사탕이 있으면 사탕 뒤에 광경을 어린아이는 보지 못한다.
대중들도 마찬가지이다. 경제가 어렵다 하여 도덕을 놓치게 되면 나라 전체가 가난의 수렁에 빠지게 될 수도 있다. 세계를 둘러보면 아르헨티나, 필리핀 등과 같은 나라는 한때 우리보다 훨씬 잘살던 나라였다. 눈앞의 사탕만 보다가 나라 전체가 가난해진 경우이다.

도덕과 예는 예전부터 곳간에서 나온다 하였다. 즉 사람다움은 기본적 의식주가 해결된 다음 바라보는 경지이다. 우리의 할아버지, 할머니, 아버지, 어머니, 누나, 형님들께서 어렵게 어렵게 대한민국을 지키고 일궈서 지금의 나라가 되었다. 더 아름답게 만들어 후손들에게 물려주어야 할 터인데 눈앞의 사탕만 보고 있으면 결국 본인의 가치도 나락으로 떨어지게 될 것이다. 결국 나의 인격은 내가 죽은 뒤 남아 있는 후대인들의 평판에 의해 결정될 것이다.

삶과 죽음을 하나로 보는 법이 있다.
삶을 삶으로 보지 않고, 죽음을 죽음으로 보지 않는 것이다.
삶이 곧 죽음이요, 죽음이 곧 삶이다.
한순간이 영원이요, 영원이 곧 한순간이다.
이 문장만 기억한다면 인생에 고뇌 90%는 없어진다. 나머지 10%는 업인의 과보이니 본인 몫이다.

위의 글은 불타의 가르침이요, 그 생각에 깊게 젖게 되면 해인삼매이고, 그러한 가치관을 인생 가치관으로 세우게 되면 화엄세계를 살아가는 것이다.

세상은 과연 공정한가?

절대 공정하지 않다.

그러나 과거, 현재, 미래 전부를 통찰해 보면 원인과 결과가 반복되는 인과법, 인연법에서 조금도 벗어나지 않는다. 자연도 인연의 소산이고, 사람도 인연의 소산이다. 그리고 이 우주의 모든 것은 정신적 존재나 물질적 존재나 모두 다 연결되어 '단 하나의 정신계'이다. 이름하여 '하나의 얼'='한얼'='하느님'이다.

지금 내가 옳다고 믿는 것은 과거에 바르다고 판단한 것들에 의해서 생긴 과정이다.

과정. 즉 지금은 옳지만 미래는 틀릴 수도 있으니 결론이 아니고 과정이라 한 것이다.

세상을 보는 안목을 성철 스님께서 간단한 법문으로 표현하셨다.

'①산은 산이요, 물은 물이로다. ②산은 물이요, 물은 산이로다. ③고로

산은 산이요, 물은 물이로다.'

①은 중생적 관점이고, ②는 색즉시공 공즉시색 즉 보살적 관점이고, ③은 부처와 중생의 관점을 다 겸비한 일체지一切智적인 관점이다.

①의 관점을 벗어나려면 먼저 공空을 체험해야 한다. 세상 모든 것의 근원인 공을 알고 공에 머무는 마음의 과정을 증득해야 한다. 그러고 난 다음 ③의 관점으로 세상을 보아야 한다. 세상 모든 것이 공임에도 불구하고 산은 산이요, 물은 물이어야 한다.

③의 입장에서는 옳은 것은 옳은 것이고 틀린 것은 틀린 것이다. 하지만 그 옳음에 대한 전제적 과정을 다 알고 판단한 것이기에 옳음에도 틀림에도 집착하지 않는 옳음이 된다.

어렵게 들리겠지만,
스스로 증득하기 전에 공허한 글의 나열 같을 것이다. 그래서 절집에서는 먼저 『천수경』 『반야심경』 등 경전을 먼저 익히게 하여 진리로 향해 가는 습관부터 익히게 하는 것이다. 무엇이 옳고 그른가는 나중에 판단할 것이라 유보하는 것이다. 조금이라도 도움이 되었으면 좋겠다.

소원(소망) 성취법

"대가를 바라지 않고 행하는 섬김(무주상보시)이 참 지혜이다. 신神들조차 이런 지혜를 구하고 있다. 이런 지혜를 얻은 사람은 모든 죄악에서 벗어나 이기심이 들어 있지 않은 자신의 소망을 이룬다."- 우파니샤드

원만하고 아무런 탈 없이 이루어지는 소원은 지혜로 인한 성취이다. 너도 좋고 나도 좋고 모두에게 좋은 지혜가 참 지혜이다. 그 지혜를 불가에서는 반야라 칭한다.

6바라밀의 시작 역시 보시 공덕이다. 무주상보시(머물지 않는 보시, 하고도 함이 없는 보시)의 공덕이 지혜의 길을 닦고 그 지혜의 길을 걸어갈 때 소원이 성취된다.

득도를 하면 반야 공신空身의 주인공이 된다. 반야 공신은 세상에 태어나서 지금까지 끌고 다닌 육신에 대한 집착을 단 한순간이라도 놓았을

때 내 안의 진짜 나인 반야 공신을 발견할 수 있다. (이때를 일러 돈오, 견성이라 한다. 조계종의 초조이신 6조 혜능 대사님과 1993년 열반하신 성철 스님께서는 돈오돈수를 주창하셨지만 근기가 얕은 본 납승은 7조 하택 신회 스님과 보조 국사 지눌 스님의 돈오점수 에 무게를 더 두고 싶다.)

반야 공신은 지혜보고智慧寶庫이다. 지혜의 보물 창고이니 우리의 소원 성취가 바로 이 공신에 의지해서 이루어진다. 육신에 대한 집착을 놓으 려면 무안이비설신의에 대한 명상이 필요하고, 더 나아가 내가 이루고저 하는 소원까지 마음에서 내려놓았을 때 소원이 이루어진다.

공신空身(마음)에서 내가 선택한 소원은 나의 신격神格이 된다. 우리는 이 육신을 벗고 다음 육신을 가지기 전까지는 공신의 신神이 된다. 살아 생전 내가 서원하고 발원한 기도와 반복된 생각과 행위들을 생시에는 인 격이라고 하고 죽어서는 신격이라 한다. 그 신격은 남이 빌어 주지 않으 면 그 격에서 단 1cm도 올라갈 수가 없다. (그래서 죽은 자들은 산 자의 기도를 간 곡히 바라는 것이다.)

수천 년 전부터 전해져 내려오는 도道를 구하는 구법서求法書에 있는 내 용이다.

"중생이 육도윤회할 때, 신神의 자리에 있을 때는 자제할 줄 알아야 하 고, 인간이 되었을 때는 남에게 한껏 베풀어야 하고, 아수라가 되었을 때 는 남에게 연민과 동정심을 가지도록 노력해야 한다."

물질계에서의 내 것을 포기함으로 공신을 얻고, 그 공신에서 지혜를 얻고, 그 지혜를 실천하여 건강, 사랑, 풍족함을 누린다.

억지로 하는 노력은 결국은 맹탕이 된다.

수행이라 생각하고 보낸 시간이 어언 35년이 지났다. 누가 하라 해서 한 것도 아니고, 절벽에 떨어져 육신과 영혼이 분리된 경험을 하고, 영혼의 전지전능한 능력을 체험하고, 스스로 검은 터널로 빠져들어 환생하기 직전에 기적적으로 소생한 후, '이것이 무엇인고?' 하는 의문은 내 삶의 전부가 되었다. 또 이 의문을 푸는 것이 삶의 이유가 되었다. 삶과 죽음보다 더 중요한 것은, 이 의문을 푸는 것이다. 이 문제를 풀고 살던 죽던 해야 한다는 것을 절실히 느낀 것이 나의 초발심이었다.

나와 같은 발심을 할 수 있는 사람이 과연 몇몇이 될까?

단지 위로의 대상을 구하기 위해, 건강과 마음의 평화를 위해, 생활의 지혜와 복덕을 위해 시작한 공부 수행인과 나와는 출발점 자체가 다름을 인정한다.

진리를 구할 발심이 아니고 생활의 풍족함을 위해, 또는 일상의 문제 해결을 위한 발심자들은 문제를 해결하고 나면 다시 일상생활로 돌아가기가 십상이다. 그러나 나의 아픈 손가락 인연들은 일상으로 돌아가지도 못한 채 계속 '힘듭니다. 어렵습니다. 억울합니다.'를 반복한다. 새벽 시간(암 환자는 11시–4시까지는 푹 자야 한다.)에 카톡카톡 소리를 여러 번 내며 곤한 잠을 깨우곤 한다.

차라리 생활고와 아픈 문제들이 해결돼서 일상인으로 돌아가는 것이 더 나은 상황이 아닐까 싶기도 하다. 괜히 어설픈 수행을 좀 했다고 스스로는 도인道人이라 생각하며 남과 자기를 분리시키는 심각한 부처병 환자임을 자각하지 못함이 너무나도 안타깝다.

나의 선행이, 나의 선한 마음(기도)이 일상생활 속에서 반복 반복되어 10년 이상 되었다면 아무리 복 없는 인생일지라도 남을 도울 수 있고, 남에게 위로가 되고, 남의 본보기가 되었을 것이다.

수행을 억지로, 남들보다 나아 보이기 위해 하는 이는 많은 세월을 보내도 결과가 나오지 않는다. 선업은 10년 이상 쌓아 놓으면 저절로 현상계로 발현된다.(그래서 10년 공부 도로 아미타불이란 말이 전해진다.)

억지 춘향보다 자연스런 향단이가 더 편한 인생의 주인공이다. 곰곰이 생각해 보고 억지 춘향의 상을 무너뜨리고 향단의 인생부터 시작하자. 남을 섬기는 일이야 말로 내가 부처가 되는 지름길이다.

부모, 형제, 친척, 친지들을 존중하고 섬기는 말과 행위를 하자고 결심해 보자. 진심으로……. 진심이어야 할 이유를 모르는 이는 『반야심경』 100독을 해 보자.

욕정에 대하여

여러 수행자와 상담을 하다보면 마지막 관문에 가면 하나의 문제로 귀결된다.

공空의 체험을 위해서는 반드시 넘어가야 할 관문인데, 부처님께서도 이런 문제가 하나만 더 있었어도 부처 씨가 말랐을 것이다라고 토로하셨다.

타인의 생로병사를 보고 발심을 낸 부처님께서 6년간의 고행으로 피폐해진 몸이었음에도 불구하고 마지막에 만난 관문은 욕정이었다. 이 욕정으로 말미암아 우리는 끝없는 윤회의 틀에 갇혀 돌고 돈다. 숨을 거두기 직전까지 사실 이 거대한 마장은 숨어 있다. 나이가 먹어도 몸이 반응하지 않더라도 잠재의식 속에는 내재되어 있는 것이 이 마장이다.

유식학을 좀 깊이 공부하신 분들은 말씀하신다. 임종 시에 돌아가시는 분이 남성이라면 남성이 자리를 지키고, 여성은 여성이 자리를 지켜야 한다고. 그만큼 이 문제는 가족 간에도 통용될 수 있는 문제로 결론짓고 있다.

수행자들의 오류 중 큰 오류가 이 문을 넘지 못하면서도 자신이 일반인들보다 더 나은 존재라 착각하는 것이다. 예수님께서도 밝혔듯이 천국에는 남자/ 여자가 없다. 천국과 극락으로 인도해야 할 성직자들도 이 문제에 대해서는 자유롭지 못하다. 마치 장님이 장님들을 이끌고 나아가고 있는 형상이다.

불교에서는 초선에 들기 위해서는 남자/ 여자를 넘어야 한다고 기술하고 있다. 초선에 한 번 들지 못한 자는 자신을 수행자라 칭하면 아니 된다. 혹시 일반인들과 다른 능력이 있어도 그것은 잠시 동안의 가피력 또는 타력에 의한 것이지 본인의 능력은 아니다. 그것을 본인의 능력으로 착각하는 순간 빙의의 문제가 자신에게 생긴다. 빙의되었음에도 본인은 부정하는 경우가 있으니 이럴 때 문제는 심각해진다. 착각을 정각으로 여기는 병은 삼세제불이 다 오셔도 고칠 수가 없다. 오로지 자신의 성찰과 깊은 참회만이 이 늪에서 벗어나게 하는 방법이다.

현실적으로 힘들게 생활하는 불자들이 가끔 자신의 남다른 능력에 자부심을 가지고 있다면 본인이 빙의되지 않았나 돌아봐야 한다 성찰과 참회 기도를 꾸준히 해야 한다.

욕정에서 자유롭기 위해서는 수식관과 진언 기도, 백화도량발원문, 이산혜연선사발원문 등 앞서가신 불보살님과 선지식인들의 여러 훌륭하신 서원문들의 독송에 주력해야 한다.

도道는 반복이다. 우리들 같은 하근기 중생에게는.

생활의 만족을 위해서는 들숨 관세음보살, 날숨 감사합니다의 화두를 습관적으로 들고 있어야 한다. 생활이 안정되어야 도문道門에 들 수가 있다.

마지막으로 법상法相에 빠지지 않도록 해야 한다. 다른 모든 욕망을 끊었더라도 도道를 얻었다는 착각에 빠지면 다시 아상我相, 인상人相, 중생상中生相, 수자상壽者相이 생겨난다. 생기고 나서도 생긴 줄 모르는 착각에 빠지니 천불千佛이 내왕하여도 고칠 수가 없다.

우리 모두는 스스로에게 속고 있다
(내가 창조자이다.)

세존께서 한평생 설하신 법이 모두 아我와 법法에 관한 것이고,('나'의 실체와 나를 포함한 정신적, 물질적 존재 전체인 법계) 그 아我와 법法이 모두 공空한 존재임을 깨달은 자의 세계를 설명하고 있는 것이 『화엄경』이다.

아我와 법法이(나와 세계) 나타난 것은 식소변識所變, 즉 식識이 변화해서 나타난 것이라고 유식唯識은 말하고 있다. 우리가 '나'와 '세계'라고 부르고 있는 것은 사실 우리들 의식 밖의 나와 세계가 아니고 우리들의 의식이 현현한 것이라 주장하고 있는 것이 유식의 가르침이다.

해동 석가라 불리우신 원효 성사의 금강삼매경론과 대승기신론소의 근본 원리는 모두 다 유식학에 근거한 것이다. 그래서 후대 학자들 중에 원효의 주장은 자신의 것이 아니고 무착과 세친의 논리에 근거한 것이라 폄하하는 이들도 있다. 하지만 그 당시의 논거는 요즘처럼 인용하는 문헌을 제시하지 않는 시대적 현상임을 안 학자들은 원효의 주장을 높이

평가하기도 한다.

결론적으로 말하면 나와 정신적 물질적 현상계인 이 세계는 과거 어떠한 상황을 요별了別(판단을 마친 행위)해 생성된 식識에 의해 나타난 것이다.(문제, 상황을 어떻게 판단하였느냐가 미래 세계를 어떻게 창조할 것인가의 바탕이다.)

더 나아가 생각하면 지금 나의 의식 세계와 눈앞에 나타난 현상계(정신적 현상계까지 포함한)는 다 하나의 식識이다. 이것을 두고 화엄에서는 일체유심조一切唯心造라고 한 것이다.(나=세계)

심외무법心外無法의 뜻은 우리는 하나의 안식에 있으며, 안식이라는 자체 의식(개인의식)을 가지고 있지만 근본 성질은 다 같은 안식識인 것이다.

인류가 이러한 진실을 자각할 수만 있다면 종교와 이념, 선과 악, 옳고 그름으로 인한 다툼을 세계사와 각 개인의 인생에서 지울 수가 있다. 알면 저절로 모든 것은 해결된다. 알지 못하니 이해하지 못하고 이해하지 못하니 오해하고 오해하니 증오하고 증오하니 죽임도 불사하는 것이 인류의 현주소이다.

지구상에 수많은 생명체가 있지만 굳이 내가 사람으로 태어난 것은 이러한 화엄적 진리를 자각해서 이 우주 현상계를 아름답게 창조해야 할 당연적 책무를 가진 거룩한 존재이기도 하기 때문이다.

석가세존께서 중생이 부처를 이루지 못하는 이유를 2가지로 밝히셨다.

하나는 중도에 포기한 것이고, 또 하나는 진리를 찾으려는 시도를 하지 않았기 때문이다라고.

우리는 이왕 시작한 불자이고, 시작하였으니 포기만 하지 않으면 마땅히 이루어질 것이다. 그러니 스스로 만든 부정적 의식에 속지 말아야 한다. 의식=마음 역시 '나'이고 '나'이니 내가 마음먹는 대로 변화하는 것이 마음이다. 제발 내가 만든 내 마음에 넘어가지 말고 고요한 마음을 먼저 주인 삼는 명상 공부를 매일 매일 해야 한다. 명상 공부를 한평생 한다고 결심하시면 삼천대천세계에서 가장 귀한 존재로 승천한다. 사람으로 태어났으면 하늘 사람, 하늘 공무원이 되는 것이 당연한 귀책이고, 이 하늘이 이 존재계가 있는 이유를 다하는 것이기도 하다.

인생의 가치는 의미에 따라

평소 사람은 다 같은 사람이지만 짐승에서 갓 인간으로 태어난 수성獸性 인간, 사람에서 사람으로 태어난 인성人性 인간, 하늘의 천신에서 사람으로 태어난 신성神性 인간이 있다고 말한 바 있습니다.

짐승에서 사람을 위한 공덕을 쌓아 인간으로 태어난 수성 인간의 특징은 인생의 의미를 물질과 육신에만 둔다. 물질을 위해서, 자기 몸의 안녕과 쾌락을 위해서만 산다. 인성 인간은 인간 사회가 지금까지 쌓아 온 인간의 도리를 위해 산다. 자기가 속한 가족, 기업, 조직, 사회, 국가를 위해 사는 자이니 이런 자는 반드시 사람으로 태어난다. 신성 인간은 전체 인류와 더불어 모든 존재를 위해 사는 자이다. 하늘도 층층만층이 있다. 한 하늘에서 다음 하늘로 진급을 하려면 반드시 인간으로 와서 공덕을 쌓고 도道를 닦아야 만이 올라간다. 그래서 신성 인간은 지금 이 인간 사회의 부귀와 명예를 구하지 않는다. 하지만 신성 인간의 가치는 천 년을 간다. 그래서 성인聖人이라 칭하는데, 동양에서는 혈식천추도덕군자血食千秋道

德君子라 부른다.

'나'라는 존재의 의미를 내 몸에만 두지 말고, 가족, 사회, 국가, 더 나아가 지구 전체까지 확대하여야 한다. 의미 치료(Logo theraphy)를 만드셔서 인류의 정신과적 병을 치료하도록 한 빅터 프랭클 박사는 이 치료법을 아우슈비츠 수용소에서 완성했다. 90%의 유대인을 가스실에서 독살하고 10%의 생존자들만 남은 유대인 수용소에서 마지막까지 버틸 수 있었던 이유는 바로 본인이 쓰고 있었던 '의미 치료'란 논문 때문이었다. 이 논문을 완성하기 위해서 본인은 존재하며 살고 있다고 생각하였다. 바로 인류의 행복을 위해 살고 있다고 생각한 그는 1905년생으로 수용소에서 40의 나이에 나와 92살인 1997년까지 살다 가셨다.

'나'라는 의미를 지구 밖의 한 관찰자의 안목에서 보면 바로 지구가 된다. 즉 '나'=지구인 것이다. 지구가 바로 '나'인 것이다.

그리고 여기서 더 나아가 '나'라는 마음이 정지된 상태가 되면 법신불이라 부르고 있는 불생불멸의 '공空'을 만난다. 존재의 생과 사를 다 담고 있는 영생의 존재이며 단 한 번도 나지도 죽지도 않았지만 항상 상주하는 불성佛性을 만난다.

우주는 단 하나의 의식체이다. 하나이니 '한'이라 부르고 의식체이니 '얼'이라 부른다. 합하면 '한얼'이 되고 연음으로 부르면 '하느님'이 되는 것이다.

지금 나의 한 생각 한 생각이 바로 의식체가 되어 존재계를 형성한다. 수성 인간보다는 인성 인간이 되어야 하며, 더 나아가 신성 인간이 되어 천 년 이상 인간 사회의 칭송과 기림을 받는 존재가 되어야 함을 한 번 더 숙고해 보자.

수신修身이 제일 중요한 이유

2014년의 어느 날 술자리가 있으면 항상 먼저 나가 술값 계산을 하던 한 검사 친구를 보러 대구지방검찰청으로 갔었다. 그때 은사 스님의 대나무 죽竹 자가 쓰인 족자를 선물로 주고 왔다.

세월이 지나 2019~2020년 즈음 직장 문제로 골치 아파할 때 세간에 주목받고 있는 그 부인과 잠시 상담할 기회가 있었다. 그때 빨리 그 자리에서 내려오시라고 말한 적이 있다. 그리고 절대 대통령에 나서지 말고, 보수당의 대선 후보자를 응원하면 법무부장관, 국무총리까지 올라갈 수 있노라 조언한 적이 있다.

이렇게 조언한 덕분에 대선 때 친구들 사이에서 외면당하였지만, 지금 생각해 보면 내 판단이 옳았던 것이 아닌가 싶다. 당시 내 반대 의견의 요점은 윤 총장이 대통령이 되면 나라가 힘들어진다는 것이었다.

수신修身이 되어야 제가齊家가 되고, 제가가 된 다음 치국治國이 된다.

수신이 되지 않은 자를 보고 제가와 치국을 잘할 것이라 믿는 우를 범하여선 아니 된다. 자기 직책보다 더 높은 상사를 가진 이와 만인지상萬人之上의 직책에 있는 것은 천지 차이이다. 수도修道하는 자들의 가장 큰 오류가 한 소식 깨달아 만인지상의 위에 올랐다고 착각할 때에 나타난다. 이름하여 부처병, 예수병, 미륵병, 후천後天 또는 신천新天의 새로운 영도자, 하느님 등등 이렇게 불리는 병에 걸리게 된다.

수신은 세상 이치와 도리를 알고, 간절하고 바른 마음으로 하는 것이라고 경서에 쓰여 있다. 가장 근본적인 마음은 정심定心이다. 선정禪定의 정定이나 유가의 정심定心이나 의미는 크게 다르지 않다. 『대학』에서 말하길 지지이후능정知止以後能定/ 멈출 줄을 안 다음 능히 정定해진다고 하였다. 안이후능득安以後能得/ 편안해진 다음 능히 얻는 경지이다라고 하였다. 불가의 지관止觀 수행과 별 차이가 없다.

경서에서 중생의 2가지 큰 병은 욕락欲樂과 산란散亂이라고 한다.

물질에 대한 욕망, 좋은 소리, 좋은 향기, 좋은 촉감의 즐거움을 찾는 것이 중생의 병이다. 또 사람의 마음은 원숭이에 비해 불안감과 산란함이 몇 배나 더 심하다. 결국 전도된 번뇌(옳은 것은 틀린 것으로, 좋은 것을 나쁜 것으로)를 일으키는 요인이 바로 중생의 산란함이다.

이 욕락과 산란을 치유하는 약을 일으켜 정定이라고 한다. 유가에서는 마음을 안정시키기 위해서는 먼저 멈춤을 알고 편안해졌을 때 얻을 수 있다 하고, 불가에서는 자비심에 의지하라고 한다. 즉 중생을 이익 되게 한다는 마음으로 정定을 닦았을 때 부드럽게 극복되어 곧 성취된다고 한다. 『금강경』에도 말하길 일체중생을 멸도에 들게 하는 서원을 먼저 내라고 쓰여 있다. 내가 수신, 수도하는 이유가 개인적인 성취가 아니고, 일체중생을 위해서일 때 어려운 도道의 경지를 넘을 수가 있다.

앞으로 우리는 똑똑히 보아야 한다. 정이 잘 닦여져서 발밑의 기름 잔을 엎지르지 않을 자인지, 공공의 이익을 추구하는 자인지.

무엇보다 일체중생을 위한 서원을 하신 수신修身·수도자修道者에서 지도자가 나기를 간절히 바라고 바란다.

자리이타自利利他

불교의 기본 수행 방침이 바로 자리이타自利利他이다. 먼저 자신을 돌보아 이롭게 한 뒤, 남을 이롭게 함을 말한다. 매우 단순한 메시지인지라 그 중요함을 우리는 간과하고 있다.

자신을 바르게 돌보지 않아 자신의 정신과 몸이 퇴폐해진 상태로 남을 계속 돌보게 되면 결국 자신도, 남도 몰락에 빠뜨리게 된다.

쉬운 예로 감기 몸살이 난 상태에서 대중교통을 이용하다 타인으로부터 밀침을 당하면 아마 평소보다 더한 감정적 표현이 나올 것이다. 내가 힘들게 되면 결코 남의 실수에 배려심을 발휘할 수가 없다.

유소년기, 청소년기에 주위 환경으로부터 심한 스트레스를 받은 아이는 성장해 삐뚤어진 사고관, 가치관을 가지게 된다. 똑같은 세계에 살면서 남을 의심하는 소리에 더 귀 기울이게 되어 인격 자체가 무리를 짓거나, 단체에 소속되지 않으면 존재감을 상실하는 현상이 발생하게 된다. 자신과 무리의 이익을 위해서 어떤 거짓말도 양심에 가책 없이 할 수 있는 것은 유소년기의 강한 압박감을 받고 자란 아이들의 특징이다. 이 압박감은 부잣집 아이나 가난한 집의 아이나 같은 정신적 현실적 무게감으로 작용한다.

작금의 정치판의 지도자들의 면면面面을 보노라면, 대통령에게는 놀고 싶지만 놀지 못하고 우등생이 되어야 할 압박감에 사로잡힌 초등학교 아이 모습이 보이고, 야당 대표의 얼굴에서는 엄청난 두려움과 어른들의 질시 속에 서 있는 분노로 똘똘 뭉친 어린아이가 보인다.

진정으로 힘들 때는 먼저 자신을 돌보아야 한다. 내가 서 있는 자리가 고통으로 도저히 견딜 수 없을 때는 남과 비교하지 말고 잠시 그 자리에서 떠나 보자. 그리고 자신을 돌아보자. 그리고 내가 나를 안아 주자. 그리고 말하자. '그동안 수고했다. 이제 나와 같이 쉬러 가자, 놀러 가자.' 아빠로서, 엄마로서, 아들로서, 딸로서, 그 어떤 사회적 존재든 그 자리에서 잠시 내려오자. 그리고 나에게만 충실하자. 내가 하는 손짓, 발짓부터 느껴 보고, 내가 쉬는 들숨, 날숨에 집중해 보며, 깊이 한숨을 내쉬어 보자. 그리고 밖으로 나가 가까운 공원이나 주위의 산야를 찾아 무작정 걸어 보자. 이 순간 만큼은 오로지 내가 나를 위하는 시간이다. 충분히 나를 느껴 주고 나를 안아 주며 나를 위로해 주고, 나를 사랑해 보자. 그리고 나를 위해 할 수 있는 것을 생각해 보고, 진정 내가 무엇을 원하는지 곰곰이 생각해 보자. 그리고 버킷리스트를 작성해 하나씩 실천해 보자.

급박한 국제 정세, 날로 힘들어져 가는 영세 사업자들의 아픔으로 가득 차 있는 대한민국의 상황은 첫째 우리가 지도자를 잘못 선택한 결과요, 그러한 결과를 초래하도록 조장한 앞선 정부의 정치 지도자들의 잘못 또한 선행되어 있음이다. 여야 모두 다 잘못인데 마치 한쪽만 죄인인 양 서로 오도하는 모습도 가관이다. 진보 정치 세력의 도덕 상실과 기득권을 당연시한 결과로 실망한 국민이 보수인지 진보인지 헷갈리는 검사를 대통령을 뽑아 보수의 대통령이라 불렀다. 대한민국의 정치판을 바라보고 있노라니 대체 대한민국 정치인들은 왜 저런 모습밖에 보여 주지 못할까 답답한 마음 그지없다.

이 모든 상황의 문제 해결은 먼저 각자가 자신부터 돌아보고 자신을 양심과 도덕에 맞게끔 자신의 영혼을 맑게 하는 것부터 시작하자. 지금 이 대한민국이 얼마나 많은 양심인, 정의인들의 목숨과 피땀으로 이루어져 있는가? 역사를 돌아보면 이럴 수가 없다, 결코.

임사 체험을 여러 번 한 선험자로서 말한다.

인간이 완전 죽음에 도달하면 영적 지수가 9배 밝아진다. 쉽게 생각해서 IQ 100이 IQ 900이 된다. 양심과 도덕의 기준이 살아 있을 때와는 180도 달라진다. 내가 남이 되고, 수많은 남들이 바로 내가 된다. 살아 있을 때는 나의 양심이 힘을 발휘하지 못하지만 죽게 되면 양심이 최고 자리에 올라서 나를 평가한다. 평가 후 내 스스로 지옥을 찾아간다. 그리고 스스로 느끼는 부끄러움이 하늘을 찌르고 땅을 덮는다. 지금 양심을 속이고 국민을 속이고 있는 정치인들은 내가 말한 것처럼 죽기 전에 반드시 돌아보고 회개해야 할 것이다. 그대들을 기다리는 지옥이 나에게는 환하게 보인다.

나라를 위한다, 국민을 위한다, 입 발린 말씀 마시고 먼저 자신의 영혼부터 돌아보길 바란다. 자신의 영혼부터 위하고 남들을 돕는 것이 바른 방법이다. 이름하여 자리이타이다.

죽음을 알면 삶이 찐(眞)해 진다

서울특별시에서 웰다잉 지원에 관한 조례가 통과된 지 벌써 몇 해가 된 것으로 알고 있다. 웰다잉에 관한 교육 및 시설에 대해 지원되는 것으로 알고 있다. 재정이 부족하여 서울시처럼 시행되고 있는 다른 지방 자치 단체는 없는 것으로 알고 있다.

스님이 되기 전부터 개인적으로 근사 체험을 여러 번 했었다. 출가 후 동양철학 석·박사 과정을 하면서 박사 논문은 죽음학 중심으로 시작하였 었다. 덕분에 많은 자료를 접하게 되었고, 개인적 경험과 더불어 죽음에 대한 폭 넓은 지식을 갖추게 되었다.

결론적으로 말해 죽음은 전환의 과정이다. 갑에서 을로, 을에서 병으 로…….

세상 모든 존재는 타인의 죽음에서 시작된다. 하늘의 해, 달, 별조차도 다른 별의 죽음으로 말미암아 생성되었듯이 '나'란 존재 역시 '나' 아닌 타인의 죽음에서 나왔다. 지금은 '나'이지만 그전에는 타인이었고, 지금의 '나' 역시 죽음이란 과정을 거치면서 타인으로 전환되어 또 다른 존재로 전환되는 것이다.

웰다잉!

좋은 죽음이란 무엇일까?

떠날 때, 전환의 시기를 맞이할 때 힘들게 되는 조건은 딱 하나이다.

'나'에 대한 집착.

바로 이것 하나 때문에 고통의 시간이 길어지게 된다.

자신에 대한 집착은 살아생전 가진 욕망과 타인에 대한 원과 한으로 이루어져 있다.

늙어 갈수록 욕망을 줄이고 안분지족安分知足의 삶을 살아야 한다.

늙어 갈수록 화를 줄여야 한다. 종국에는 화가 전혀 나지 않아야 한다. 60세를 이순耳順이라 했던가. 귀에 들려오는 모든 소리가 순하게 들려야 한다.

늙어 갈수록 어리석음을 줄여야 한다. 그리되려면 마지막 순간까지 공부해야 한다. 공부工夫란 한자를 풀이하면 공工은 하늘과 땅의 세계를 잇는 것이요, 부夫는 농부, 어부, 광부처럼 농사를 업으로 하는 이, 고기잡이를 업으로 하는 이란 뜻이다. 공부는 하늘의 이치 즉 진리를 알고, 땅과 인간 세계의 이치를 아는 것이다. 그 두 세계를 이어 가는 것이 바로 공부이다.

그러니 공부하는 이는 발을 딛고 사는 땅의 이치와 더불어 사는 인간계의 이치에도 관심을 가지고 이치를 익혀야 한다.

죽음을 준비하는 것으로 말미암아 남은 여생이 전과는 다른 알찬 삶으로 채워질 수 있고, 더 나아가 다음 생에는 남보다 뛰어난 삶을 사는 법을 알고 태어나는 생이지지자生而知之者가 될 수 있다. 지금 우리 주변에 성공을 향유하는 이들은 다 생이지지자들이다. 왜 똑같은 노력을 했는데도 누구는 되고 누구는 되지 않았을까? 태어날 때부터 달랐던 것이다.

누님으로부터 질문이 왔었고 그 질문에 답을 해 드렸는데, 답에 대한 이치를 설명하고자 한다.

'진리가 너희를 자유롭게 하리라'-요한복음 31절.

우리의 영혼이 자유롭기 위해서는 진리에 순응해야 하며 진리로 다가가 종국에는 진리와 하나 되어야 한다. 이것은 살아서나 죽어서나 똑같이 적용되는 법칙이다.

임종 기도를 나만큼 많이 해 본 스님은 드물 것이다. 돌아가시는 분한테 가장 필요한 것은 진리의 말씀이다. 더 나아가 진리를 아는 마음이다. 수도修道해서 진리에 접근한 분이 진리의 말씀을 한마디만 해 주어도 임종을 접한 분의 영혼은 훨씬 쉽게 내생으로 나아갈 수 있다.

참고로 '그냥 좋은 데로 가세요.'라고 하는 기도는 정말 무식한 기도이다. 망자는 그런 기도를 한 사람 주변에 맴돌 수가 있다. 차라리 주기도문을 외워 주는 것이 좋고 성경의 예수님 말씀을 전해 주는 것이 좋다. 불자라면 『반야심경』을 외거나 법성게를 해 주는 것이 훨씬 망자의 영혼에게 도움이 된다.

앞에서 진리가 우리를 자유롭게 한다고 전해 드렸다. 이 법칙은 산 자나 죽은 자나 같이 적용된다. 살면서 어려운 자 역시 진리의 말씀을 외우고 또 외워라. 죽음을 맞이한 자에게도 역시 진리의 말씀을 많이 해 드려라. 진리만이 살아서나 죽어서나 우리를 자유롭게 한다.

아침 명상의 통찰

인간: 자기 생각에 갇혀 있는 존재이다. 스스로 벗어나는 것은 불가능한 존재이다. 그래서 스승의 교화가 필요하다.

인간의 세계관: 항상 부분적이며, 주관적이고 불확실한 세계이다.

신神이 진리가 아니요, 진리가 신神이다. 도道가 사람을 넓히는 것이 아니고 사람이 도道를 넓힌다.

나의 발전, 학문의 발전은 지금 나의 당연한 생각이 부정될 때이다. 도저히 그렇지 아니한 것이 긍정될 때, 학문과 나의 발전이 있다.

익숙해질 때 진리는 이해된다.

철학의 제1원인은 주재자를 찾는 것이다. '나'와 '세계'의 주재자는 누구인가?

죽음을 맞이할 때 필요한 지혜는 오늘 이 순간 잘 살아가는 지혜와 같다.

참선(명상) 수행자는 먼저 21일간은 참회하여야 한다. 그리해야 경안심輕安心이 생긴다. 명상의 끝은 공空, 가假, 중中으로 이루어진 것이 나와 세계임을 자각하는 것이다.

제1업에 대하여

새(Bird)로 태어난 생물이 끊임없이 날갯짓의 업을 놓지 못하듯, 사람으로 태어난 자의 끊임없는 카르마(업)도 있다.

사람으로 태어나 수행자가 되었지만 사람으로서의 가장 근본적인 카르마를 얼마나 닦았는가 진솔하게 물어본다.

육신의 공허함을, 만상의 공허함을 보았지만 마음에서 끊임없는 날갯짓이 요동치고 있음을 고백하지 않을 수 없다.

대중들 앞에서 법을 강론한다 하여 법대로 행동하고 있는가 자신에게 물어본다.
과연 나의 법이 불존의 법 그림자에라도 닿을 수는 있는가?
겸허하고 겸허해야 할진대, 법을 강연하는 영상의 홍수를 보노라면 마치 세존과 동등한 듯 말하곤 한다.

아무리 방편의 시대라 하지만, 진제眞諦와는 먼 대중들의 취향에 맞는 언어의 향연으로밖에 보이질 않는다.

말법 시대인 것은 익히 알지만, 진정한 구법승은 너무나도 희유하여 법을 구하는 이의 눈과 귀에서 멀어지고, 오만방자한 사판승이 서슬 퍼런 선문禪門의 가풍을 희롱하는 시대 장면을 보노라니 가슴이 메어진다.

말법 시대임에도 착하디착한 한국의 불자들이 있어 탁발하지 않고 편히 수행할 수 있음에 불자들에게 한없이 하심하고 공경해야 하거늘, 단지 먹물옷을 입었다 하여 하대하고 군림하려는 수행자들을 보면 과연 수행자임을 자각은 하고 있는지 노파심이 든다.

예전 큰스님들께서 임종이 가까워지면 산 밑에 소로 간다고들 하셨다. 초하룻날 정성스레 이고 지고 온 공양미의 엄중한 과보를 알기에, 그 과보를 닦기 위해 불자 집의 소로 태어나 업을 보속하러 간다는 뜻이다.

업은 번뇌에 의한 것이고, 번뇌는 전도몽상의 망상으로 야기되는 것이다. 옳다, 그르다의 기준을 반대로 하니 아닌 것을 옳다 하여 집착한 결과 망상이 되고, 망상은 번뇌를 발생한다. 근본무명을 끊지 못한 중생은 시시각각으로 망상을 피우며 업을 쌓고 있다. 그래서 하루를 살면 하루치 업보를 만들고, 백 년을 살면 백 년 치 업을 쌓는다. 장수한다 하여 좋을 것이 하나도 없건만 중생은 오히려 오래 살려 애쓴다.

성문, 연각을 대승경전에서는 폄하하지만, 진작 수행을 해 보면 성문4
과 중에 사다함 위에도 오르기 힘들다.

수다원과를 증득하려면 제일 먼저 유신견有身見, 계금취견戒禁取見, 법
에 대한 의혹을 타파하여야 한다. 유신견은 나와 내 것이 있다는 견해이
다. 내 몸이 있으니 너의 몸도 있다. 나와 남을 가르고 있는 견해가 무너
져야 한다. 계금취견은 잘못된 계율을 옳은 계율로 알고 따르는 것이다.
세상의 여러 종교에서 계금취견이 존재한다. 심지어 한국 불교 안에서도
계금취견은 상존하고 있다. 마지막으로 진리에 대한 의혹이 무너져야 수
다원과에 든다. 하지만 7래과이다. 최대한 7번은 다시 와야 한다. 왜 다시
오는가? 바로 제1업 때문이다. 남자, 여자를 넘어서지 못하여서 다시 돌
아오는 것이다. 중생이 윤회하는 이유나 수다원과의 성인류에 든 수행자
나 윤회의 이유는 같다.

사다함과는 1래과이다. 한 번 더 와야 한다. 거의 제1업을 끊었지만 미
세하게 남아 있어 하늘이 다시 한 번 더 확인하는 과정이고, 수도 위에서
탐진치만의貪瞋痴慢疑를 닦아야 한다. 견도見道를 하였지만, 견도일 뿐, 닦
아야 할 수도修道의 과정이 있건만 탐진치만의가 다 사라진 양 착각들 한다.

참선 수행자들이 성문의 과위를 폄하하기가 십상이다. 하지만 스스로
에게 물어보라. 유신견에서 자유로운가, 나도 모르게 집착하고 있는 계
금취견은 없는가, 세상사와 진리에 대해 의혹은 남아 있지 않는가. 무엇
보다도 남자, 여자에 대해 자유로운가?

기독교의 천국만 해도 남자, 여자가 없다. 초선의 자리요, 범천의 자리에는 남자, 여자가 없다. 착각들을 많이 한다. 내가 증득한 과위가 초선을 넘고 2선, 3선, 4선에 갔다고.

돌고 도는 인생과 인연 이야기

　로마 시대 귀족들의 평균 수명이 40세였으며 35세가 되면 매일 유언장을 고치는 것이 중요한 일과였다고 한다. 의학이 발달한 서기 2023년 기준 대한민국의 평균 기대 수명은 남자 80세, 여자 86세이다. 현대 한국인들이 로마의 귀족들보다 2배나 더 산다고 볼 수 있다.

　본래 하늘이 내린 인간의 수명 즉 천수天壽는 180세 즉 60갑자를 3번 돌아야 천수를 누렸다고 한다. 180세 이상 되어야 신선神仙이라고 불렸다. 천수를 누리기 위해서는 인생과 세상이 돌아가는 인因과 연緣, 업業과 과果를 알고 탐욕과 성냄, 상대와 세상에 대한 애착과 증오에서 벗어나야 한다.

　오대산 상원사에서 전해져 내려오는 이야기이다.
　조선 중기 허씨 성을 가진 정승이 있었는데, 그에게는 매우 사랑하는 부인이 있었다. 하루는 대궐에서 중요한 어전 회의를 하고 난 뒤 귀가하니, 부인이 집을 나가고 없었다. 하인들에게 물어본 결과 어떤 숯장수가 숯을 팔러 왔는데 마님이 몇 마디 말을 나누고 난 다음 곧장 숯장수와 나가 버렸다고 하였다.

허 정승이 백방으로 사람을 풀어 찾았지만, 부인을 찾을 수가 없었다. 결국, 허 정승은 사직서를 내고 직접 부인을 찾기 위해 전국 팔도를 헤매고 다녔다. 그러다 강원도 오대산 깊은 산골의 계곡 근처 바위에 앉아 쉬고 있을 때, 그토록 찾아다녔던 부인이 머리에 짐을 지고 지나가고 있었다. 달려가 붙들고 말을 나누었지만 허 정승은 큰 실망을 하게 되었다. 부인은 냉랭한 말투로 정승의 아내보다는 숯장수의 아내가 더 좋다고 하였다.

허 정승은 이해할 수 없는 부인의 태도와 상실감에 곧장 상원사로 출가하여 스님이 되었다. 스님이 되어 참선 수행을 하였지만, 화두는 자신에게 일어난 불행한 스토리였다. 그러다 어느 날 돌부리에 채어 넘어지면서 머리가 깨진 순간 전생의 기억이 떠올랐다.

'전생에 자신은 상원사의 참선하는 스님이었다. 어느 날 화주 집에 공양을 초대받아 갔는데, 그날따라 몸에 붙은 이 한 마리가 너무 가렵게 하여 차마 죽일 수는 없고 살짝이 떼어 마루 밑의 삽살개에 붙여 놓았다.'

참선 수행한 공덕으로 본인은 현생에 정승이 되었고, 스님 몸에 붙어 살아온 이는 전생의 스님과 함께한 인연으로 부인이 되었다. 인연이 다하게 되었을 때 전생의 삽살개인 숯장수가 찾아오니 바로 인연 업과가 발동하여 허 정승을 떠나게 되었다.

범망경梵網經에 이르기를 선근인연善根因緣은 1천 겁에 한 나라에 태어나고, 2천 겁에 하루 동안 길을 동행하고, 3천 겁에 하룻밤 한 집에서 지내는 인연이 되고, 4천 겁에 한 민족이 되고, 5천 겁에 한 동네에 태어나고, 6천 겁에 하룻밤 잠을 함께 자는 사이가 되고, 7천 겁에 부부가 되고, 8천 겁을 했을 때 부모·자식이 되며, 9천 겁을 함께 하면 형제·자매가 된다. 가장 중한 인연은 진리를 닦는 스승·제자의 연으로 일만 겁의 인연이다.

참고로 1겁은 범어 1Kalpa로 현대적 의미로 해석하였을 때 43억 2천만 년이다.

사랑하는 사람이나 증오하는 사람이나 다 소중한 인연들이고, 옳은 사람이든 그릇된 사람이든 다 항하사 모래 같은 숫자의 삶을 함께한 인생들이다. 다시는 안 볼 사람들처럼 증오하고 폄하하고 심지어 진실과 상황을 오도하기까지 한다.

다 함께하는 우리의 인연이다. 그릇되게 오도하는 업의 과보는 반드시 현상계로 나타날 것이다. 극락이 바로 이곳이고 지옥 역시 바로 이곳이다. 살아서나 죽어서나 우리는 이 허공을 벗어날 수 없다. 과거, 현재, 미래 역시 이 하나의 허공 풍선 안에서의 살림이다. 지금 잠깐 권세와 부를 누릴 뿐, 극악한 빈천과 고통이 다가오는 것을 왜 모르는가! 산 자는 반드시 죽고, 높은 자는 낮아지고, 지금 부유한 자는 극빈하게 되는 것이 현상계의 법칙이다. 그러니 무상한 세계를 사는 중생들은 권세와 부가 있을

때 상대의 처지와 고통을 함께 해야만이 경주 최 부자 집안처럼 귀함과
부유함을 오래 누릴 수 있다.

신라 부설 거사의 팔죽시八竹詩

此竹彼竹化去竹 風打之竹浪打竹 粥粥飯飯生此竹 是是非非看彼竹

차죽피죽화거죽 풍타지죽랑타죽 죽죽반반생차죽 시시비비간피죽

賓客接待家勢竹 市井賣買歲月竹 萬事不如吾心竹 然然然世過然竹

빈객접대가세죽 시정매매세월죽 만사불여오심죽 연연연세과연죽

이대로 저대로 되어 가는 대로, 바람 부는 대로 물결치는 대로
죽이면 죽 밥이면 밥 그런대로 살고, 옳으면 옳고 그르면 그르고
손님 접대는 집안 형편대로, 시장 물건 사고파는 건 세월대로
세상만사 내 뜻대로 되지 않아도, 그렇고 그런 세상 그런 대로 보내네.

한국의 유마 거사인 부설 거사께서는 원래는 스님이셨는데, 인연이 있어 결혼하시고 두 아들을 두신 분인데도 득도하셨다. 자기만 한 것이 아니라 부인, 두 아들(월명, 등운) 모두 4분이 득도하셨다. 지금도 변산반도 부안 내변산 월명암에 가시게 되면 사성선원四聖禪院이란 현판이 걸린 전각

을 볼 수가 있다.

옳으면 옳은 대로, 그르면 그른 대로 세상만사 다 내 마음대로 되지 않으면 않은 대로.

그냥 이 사실만 인정하면 답답하고 억울한 마음이 저절로 간다.

본디 우리는 다 무아적 존재이니 그냥 흘려보내면 내 것이 아니게 된다. 내 것이 아닐 때 지금 일어난 사건들의 진실이 저절로 규명된다.

내 것이라 생각하는 순간 오랜 세월 거쳐 옳고 그름의 관계가 너와 나를 반복하게 된다.

그냥 흘려보내자. 그러면 명명백백해진다.

그냥 살(할) 뿐! = 정진精進

어느 큰스님께서 '사람은 왜 사느냐'라는 질문의 답에 '그냥 살 뿐'이라고 하셨다.

'그냥 살 뿐' 혹은 '그냥 할 뿐'이라는 법어는 오래전부터 조사님들과 한소식 하신 스님들께서 많이들 밝히신 말씀이다.

대기설법對機說法의 입장에서 보면 '그냥 살 뿐'은 혼신의 힘을 다하여 살고 난 후 산 바에 대한 집착을 1도 안 가지는 것을 말한다.

이 말은 정말 어렵고도 어려운 실천을 예정하고 있다.

말과 글로는 쉽지만 막상 치열하게 살고 난 후 산 바가 없이 홀연히 떠날 수 있는 사람이 과연 몇이나 될까?

죽을 때 그렇게 죽으리라고 생각하면 큰 오산이다. 절대 그렇게 되지 못한다. 살아 있을 때 연습, 또 연습해 두어야 한다. 그리고 살아 있을 때

'그냥 살 뿐'에 대한 행을 자연스럽게 할 수 있을 때 죽음이 온 순간 집착한 바 없이 자유롭게 갈 수 있다.

가장 중요한 것은 현실에서 우리가 실천하는 방법이다.

스토아학파, 실용주의학파, 에머스 철학의 사상적 기반을 둔 '현실 치료'라는 심리학적 접근 방법이 현재 미국뿐만 아니라 한국에서도 국립으로 운영되고 있다.

철저한 개인주의 시대에 인간이 가질 수 있는 가치관을 고양시키는 방법으로 현대 인간의 행복을 성취하는 데 필요한 5가지 항목을 제시하고 있다.

1. 생존성 2. 소속감 3. 힘(사회적 인정) 4. 자유 5. 즐거움

이 5가지 항목으로 현실적 성취와 만족, 더 나아가 행복감을 느끼는 것이 과거의 트라우마에 대해 자유로워지고 제법무아성까지 나아갈 수 있다고 생각된다.

이 현실 치료의 특징은 과거의 잘못에 대한 죄책감을 강조하지 않는 것이다. 과거는 과거이고 오로지 새로운 가치관을 선택하여 현실에서 위의 5가지 항목을 실천, 성취하도록 유도하는 접근법이다.

우리는 그냥 살 뿐이지만 그냥 살 뿐에는 위의 5가지 항목을 성취하기 위한 치열한 실천이 내포되어 있다. 이로 인해 각자의 유전적 트라우마

에서 자유로워져야 한다는 당위성 역시 내포되어 있음을 자각해야 한다.

그냥 살 뿐은 치열한 혼신의 힘을 다하는 정진임을 한 번 더 강조한다.

어느 수행자의 독백

세상과 인생이 무상無常, 고苦, 무아無我임을 우리는 왜 자각하지 못했던가!

무상한 인생이고 세상이니 흘러가는 것이 당연하건만 변화하고 소멸하는 것에 대해 왜 고통스러워했던가. 지금 있는 것은 갈 것이고, 지금 없는 것이 오는 것이 당연하건만 우리들은 가는 것은 불행이라 말하고 고통스러워한다. 세상 모든 것은(마음의 세계까지 포함하여) 나서 머물고 변화하다 죽는다. 변화하고 죽을 때 모두 다 고통이다. 그 고통 속에서 노래하고 춤추다 가는 것이 우리들의 인생이다. 그러함을 받아들이자. 고통은 구하는 것이 이루어지지 않을 때 생긴다. 애초에 우리들이 구함이 없었으면 나지도 않았을 터, 나지 않았으면 변화하지도 죽지도 않았을 터. 왜 우리는 이러한 근원적 답은 찾지 않고 스스로 세워 놓은 고통의 탑을 원망하고 싫어하며 고통스러워하는가! 다 자업자득임을 인정하자. 그리고 이제는 머물지 않는 마음을 내자.(응무소주이생기심應無所住而生其心)

머물지 않는다 함은 집착하지 않음이다. 그냥 지나가도록 놓아라. 그냥 두면 지나간다. 나도, 너도, 이 땅도, 이 하늘까지 지나간다.

저 하늘의 태양도 태양이 아닌 것으로 이루어져 있고, 달도 별도 달 아닌 것, 별 아닌 것으로 이루어져 있다. 내 몸과 지구의 70%를 차지하고 있는 물도 물 아닌 것으로 이루어져 있다. '나'라는 의식 역시 오관으로 들어온 정보와 그 정보를 시시비비한 결과물이 아니지 않는가.

내 마음 편한 것이 최고다 하지만 근본적으로 편하려면 세상 모든 것이 다 편할 때 나도 편한 것이다. 이것이 화엄의 정신이요 대승의 사상이다. 세상 모든 각각의 존재들은 다 무아적 가합물이다. 이름하여 제법무아諸法無我이다. 이 제諦를 인정하고 행하는 것이 수행이다.

내 이익을 참고 남의 이익을 도모하는 것을 선善이라 하고, 그 선이 지속되면 세상으로부터 믿음을 얻고, 그 믿음으로 대업을 이룬다. 엄밀히 보면 세상이 나를 인정할 때 대업의 주인공이 된다. 그러니 스스로 자신이 대인이라 생각지 말자. 스스로 대인이라 생각하는 것을 교만이라 한다. 내가 인정받지 못하고 낮은 자리에 있는 것도 교만 때문이요, 설사 오른 높은 자리에서 떨어지는 것도 교만 때문이다. 다 자신이 무아적 존재임을 자각하지 못한 결과의 산물이다.

공덕을 쌓으려면 지혜가 있어야 하고, 지혜를 얻으려면 공덕을 쌓아야 한다. 사랑, 어짊, 자비, 지혜가 다 하나이다. 반야라는 지혜를 얻는다 함은 공空으로 이루어진 세계를 보는 것이요, 보는 자가 있고 보이는 공이 있으니 '보리중생'이고 '보살'이라 부른다. 우리는 보살밖에 보지 못한다.

진정한 붓다는 머묾이 없는 존재이니 보아도 볼 수 없고, 느껴도 느낄 수 없다. 그래서 붓다는 보살에게 부촉하는 것이다. 어느 날 한 중생이 발보리심을 내는 순간 발심 보살이 된다. 너도 나도 보리심을 내는 순간 다 발심 보살이 되는 것이다. 보살은 구름 타고 내려오는 것이 아니고, 바로 내 앞에 옆에 있는 분으로 나타나신다. 내가 상대를 보살로 보는 순간, 내가 보살이 되고 내가 상대를 부처로 보는 순간, 내가 부처가 되는 것이다.

마음은 호수의 물과 같다. 물결이 일면 아무것도 나타나지 않지만, 잔잔하고 고요해지면 삼라만상이 다 비추어진다. 사마타는 마음 짓을 그치는 것이요, 위빠사나는 마음 짓을 그치고 비추어지는 것을 보는 것을 말함이다. 사마타와 위빠사나 수행을 통해 우리는 사선정, 팔선정에 도달할 수 있다. 『금강경』사경 수행의 바른 정석을 내일 우리는 만날 수 있다.

2부

행복 그것이 어디 따로 있으랴

명상이란?

현실에 왜곡된 마음이 순수한 마음의 상태로 돌아가는 것을 초월超越이라고 하고 그것을 실행하는 것을 명상冥想이라 한다. 명상은 여러 가지 수단을 통해 가능하다. 그래서 요가 명상, 마음 챙김 명상, 초월 명상, 아라한과 보살을 지향하는 불교 명상 등등 명상이란 글자 앞에 다양한 수식어가 붙을 수 있다.

어린아이의 순수한 마음과 몸을 지향하는 것이 명상이라고도 할 수 있다. 불행한 자들은 나이가 들수록 과거의 트라우마에 사로잡혀 현실을 왜곡된 관점으로 느끼고 사고하며 행동한다. 그리하여 불만족한 상태를 연속적으로 창조하고 있는 것이 공통된 현상이다.

인과법因果法의 관점에서 보면 자칫 결정론에 사로잡힐 수 있다. 원인과 결과가 정해져 있다는 운명론을 받아들여 소중한 인생의 의미와 존재계 전체의 의미를 놓치는 경우가 허다하다.

인생에 가장 소중한 시점은 현재이고, 그 현재는 선택의 자유를 가지고 있다. 현재 이 순간에 내가 가지는(새로운) 목표가(새로운) 인과를 창조할 수 있다. 많은 대중이 이 역시 인과법임을 간과하는 우를 범하고 있다.

명상의 종류 중에 심상心想 명상이 있다. 마음속에 긍정적 형상을 그리면서 집중하는 명상이다. 일체유심조의 법리성에 의거해서 긍정적 인생과 세계를 창조할 수 있는 명상이다.

심상心想을 하려면 즉 마음속에 그림을 그린다고 생각하면 쉽게 이해된다.
그림을 그리기 전에 가장 선행되어야 할 조건이 하얀 백지의 심상이다. 백지에 그림을 그려야 그 그림이 그림으로서 가치가 있다. 하얀 백지의 상태란 우리가 순수한 어린아이의 마음 상태가 됨을 상상하면 쉽게 이해가 된다.

천국으로 가는 열쇠는 어린아이의 마음 상태이다. 예수께서 말하기를 '너희가 어린아이 같지 아니하면 천국에 오지 못하리라.'라 하였고, 선가仙家에서는 최고의 경지를 천진天眞이라 부른다. 우리가 표현하는 '천진한 어린아이의 마음같이……'라는 말 속에도 이런 진리가 담겨 있다.

명상할 때의 가장 기본적 마음은 천진한 어린아이의 마음이 되는 것이다.
하고자 하는 욕구에 발생한 마음이 아닌 어린아이가 세상을 처음 보고 느낄 때처럼 보이는 대로 들리는 대로 수동태의 마음이 기본적 자세이다.

어린아이는 선악善惡과 시비是非를 나누지 않는다. 있는 그대로 보고 있는 그대로 느낀다.

명상의 기본자세가 이러함을 생각하며 우리가 왜 이 명상을 해야 하는가에 대해 숙고해 보자.

우리가 왜 명상을 해야 하는가? 행복하기 위함이다. 행복하지 않으면 명상이란 행위에 무엇인가 잘못된 과정이 들어가 있다고 보면 된다. 명상의 결과에는 행복과 더 나아가 해탈, 열반, 무엇과도 비교할 수 없는 희열이 있다.

모든 행위에는 목적이 있다. 하지만 명상의 세부적 행에는 수동태의 자세가 선행되어야 함을 지적한 바 있다. 과거의 트라우마로 왜곡된 현실감부터 재정립하는 것이 필요하다.

과거에 발생한 사건을 그냥 사건일 뿐이다. 문제는 사건의 결과, 스스로 결정한 느낌, 감정이 문제이다. 같은 사건을 겪었음에도 어떠한 이는 흐르는 강물처럼 항상 새로운 감정을 느낄 준비가 된 이가 있는 반면 어떤 이는 과거가 정체되어 고인 물처럼 항상 불편한 마음의 상태가 무의식 속에 저장되어 있는 경우가 있다.

필요한 것은 용기이다.

다시 한 번 더 그 사건을 돌아보고 현재 시점에서 과거의 나를 이해하고, 위로하고, 사랑해 주는 것이다. 그리고 그 사건으로 인해 침체되어 있는 나의 감정들을 놓아 주는 것이다.

이 글을 쓰는 필자가 선호하는 화두는 '나무 관세음보살'이다. 관세음
보살님에게 귀의한다는 뜻이지만, 필자에게는 '관세음보살님에게 모든
것을 맡깁니다.'라는 뜻이다. 지금 나의 모든 근심, 걱정, 욕망, 불편함, 심
지어 기쁨으로 발생한 애착심까지 모든 것을 다 맡긴다는 뜻이다.

이런 명상 수행은 실생활 속에서 남들 모르게 충분히 할 수 있는 기법
이다.
화가 일어나면 '이 화를 관세음보살님께 맡깁니다.'
욕망이 일어나면 '이 욕망을 관세음보살님께 맡깁니다.'
근심, 걱정이 생기면 역시 '이 근심, 걱정을 관세음보살님께 맡깁니다.'
이런 뜻으로 '나무 관세음보살'의 화두를 생활 속에 끝없이 한다.

이런 날들이 계속되다 보면 어느 날 '관세음보살 감사합니다.'란 화두
가 저절로 나오게 된다.
감사의 마음이 생기고 나면 저도 모르는 기쁨이 생기고, 불만족한 상태
마저 '관세음보살 감사합니다.' 하게 된다.

행복! 그것이 어디에 따로 있으랴!
지금, 이 순간 나의 마음 상태에 따라 행복과 불행이 결정된다. 마음이
행복해지면 현실을 저도 모르게 나아지고, 마음은 기쁨의 상태를 지나
현재를 즐기게 된다. 이것이 실생활의 명상이다.

명상을 하는 이유

코로나 펜데믹을 맞이해서 현대 인류에게 여러 가지 변화가 생겨나기 시작했다. 재택 근무, 인터넷 쇼핑 등 비대면 업무들이 일상화되었다. 이런 변화를 일러 After Corona=AC시대가 되었고. 코로나 발생 전을 Before Corona=BC시대라고 규정되었다. 우리는 이제 AC시대에 살고 있으며 BC시대는 지나갔다.

BC 900—BC 200년을 축의 시대라고 한다. 인류가 세상을 바라보는 측도를 하늘에서 인간으로 옮긴 그 시대의 선지자들(소크라테스, 공자, 석가 등등)의 통찰력을 아직까지 넘어서지 못한 인류가 태반이다. 그런 시대에 벌써 축의 전환 시대가 도래되었다고 주장한 철학자가 나왔으니 미국 펜실베니아대학 교수인 마우로 기엔이다.

그의 주장에 의하면 세계사의 축이 이동하는 시대 변화의 임계 질량이 되는 해를 2030년이라고 주장한다.

지역적으로는 미국과 서유럽에서 아시아, 아프리카로 이동하고, 성별에서는 남성 중심 사회에서 여성 중심 사회로 이동하며, 청년 중심 시대에서 노인 중심 시대로 전환된다고 주장한다.

특히 노인 중심 시대로 전환되는 이유 중에 하나가 미국 부의 80%를 60대 이상이 소유하고 있기 때문이라고 지적한다.

또 이 시대를 4차 산업 혁명 시대라고 부른다. AI=인공 지능이 점차 인간의 창조성 영역까지 확대된 이 시대에서 바라본 미래는 AI와 연계된 플랫폼을 가진 2%의 자본주와 98%의 일반 시민 계층으로 나누기도 한다. 인간의 사회적 결정을 전부 AI가 결정하게 된 극단적 사회상을 예측한다.

현재 미국과 서유럽에서는 기업과 사회의 지도자층들이 매일 20분 이상 명상을 하고 있다는 통계가 나왔다. AI는 인간 행위에 관한 모든 데이터를 가지고 인간이 내릴 수 있는 가장 효율적 판단을 대신 내리고 있다. 점차 인간의 판단이 필요치 않는 시대가 되기 시작했다. 이 시점에서 AI가 가지고 있는 분석력을 능가하는 힘을 가진 인류는 어떠한 사람일까 잠시 유추해 보자.

명상을 통해 얻을 수 있는 능력 중 직관력을 꼽을 수 있다.
싱가폴의 투자청장은 명상을 통한 자신의 판단력으로 싱가폴의 국가적 금융 투자를 한다는 기사를 본 적이 있다. 아마 서구 기업 CEO들이 인공 지능이 분석할 수 없는 영역을 명상에서 얻은 직관력으로 판단하고 기업 결정을 하는 것이라 볼 수 있다.

운동선수나 연예인 등 사회의 다양한 분야에서 앞선 이들 역시 명상을 하고 있음을 밝힌 사례가 많다. 미국의 유명한 MC인 오프라 윈프리 역시 명상 애호가로 알려져 있다. 빌 게이츠, 스티브 잡스, 워렌 버핏 같은 기업가들만 하는 줄 알았는데 운동선수들과 연예인들도 하고 있다는 것이다.

약 25년 전 미국 창조학회 부회장의 강연을 들은 적이 있다. 그분은 21세기를 창조 시대로 규정하였다. 무에서 유를 창조하고 기존 질서에서 새로운 질서가 형성되며, 각기 다른 학문과 산업의 총체적 융화로써 새로운 학문과 산업이 탄생될 것이라 주장한 것으로 기억한다.

세계는 변화하고 있고 지금 이 순간도 변화하고 있다.
보통 평범한 사람들은 과거의 관념을 바탕으로 한 좋고 나쁨, 옳고 그름에 빠져 있다. 하지만 미래는 총화적 학문과 산업으로 다가오고 있다. 변화하는 이 순간을 잘 보고 자신의 생각과 행위를 그 흐름의 방향으로 나아가도록 하여야 한다. 이 순간을 잘 보는 것을 관觀이라 한다. 관은 명상적 행위에서 나오는 지止에서 나온다.

지금 우리가 명상을 하는 이유는 전환 시대의 행복하고 풍요로운 인격자가 될 뿐 아니라 더 나아가 시대를 이끌어 가는 스승이 되기 위해서다.

어떤 '나'가 진짜 '나'인가?

'나'의 99.99%는 타인들과의 관계성으로 이루어져 있다.

단 0.01%는 물질적 또는 정신적으로도 있지는 않지만 막연하게 99.99%의 관계의 그림을 그릴 수 있는 백지 같은 존재이다. 백지가 있어야 '나'란 상을 그릴 수 있듯이 정신적인 존재 역시 바탕이 필요하다. 마치 허공이 있어야 바람이 일어나듯.

그 바탕을 공空이라 칭하고 열반, 반야, 불생불멸, 법신, 성性, 이理, 도道, 등 다양한 호칭으로 부르고 공에서 일어난 파동을 마음이라 부르며, 그 마음을 마음이 일어난 바탕과 동일시한다. 석존의 팔만사천법문은 다 마음 심心 하나를 설명한 것이라 말하기도 한다.

그래서 심즉불心卽佛이란 문장이 전해지고 있다. 여기서 마음이란 안이비설신의에 의해서 만들어진 마음이 아니라 마음이 일어난 바탕을 말하지만, 그 바탕을 알기 위해서는 일으킨 마음의 흔적을 찾아가는 여정을 가져야 한다.(선가禪家에서는 그 여정을 심우도로 잘 표현하고 있다.)

성경에서는 '세상 것을 따라가는 자의 끝은 멸망이다.'라고 하고, 라틴어 또는 영어 성경에는 '내가 곧 도, 진리, 영생이다.(Self means a Road, Truth, Eternity.)'라고 적혀 있다. 눈앞의 현상계를 따라가면 멸망이고, 참나를 찾는 것이 도, 진리, 영생임을 밝히고 있다. 여기에서 그리스도교와 불교에서는 궁극적 자아 즉 '나'의 진실된 모습을 찾아야 함을 동시에 피력하고 있음을 눈치챌 수 있다. 그리스도교의 영생은 불교의 무량수불無量壽佛을 연상시킨다.

현실을 살아가는 대중의 관점에서 '나'를 찾아보자.

첫째, Ego mode의 '나'가 있다. 이기적인 '나'로서 타인과 나를 구별해 발생한 개체적 '나'를 자기 이익과 존속의 목적으로 하는 '나'가 있다.

둘째, Immersion mode의 '나'로서 어떤 대상이나 일, 놀이에 몰입한 '나'가 있다.

셋째, Selfless mode의 '나' 즉 무아無我적 '나'가 있다. 이 무아적 '나'에는 현상계와 정신계 즉 존재의 모든 것이 담겨 있는 '나'이다.

존재계의 모든 것은 생과 사를 반복하며 존재를 유지하고 있다. 즉 있음도 없음도 다 존재이다. 존재를 좀 더 확대 관찰해 보면 존재를 있게 하는 그 무엇이 있음을 식별할 수 있다. 설명할 수 없는 그 무엇이 존재가 나온 고향이요, 모든 존재의 시작점으로 본다. 그것을 찾아가는 여정을 각자 내면인 마음에서 찾으라는 것이 축의 시대에서 나온 모든 선지자들의 공통된 주장이었다.(심외무물心外無物) 즉 마음이 일어난 마음자리가 모든 존재의 근원임을 밝힌 것이다.

근원의 '나'를 찾는 방법은 너무나도 간단하다.

에고 모드를 버리고 몰입 모드로 가는 것이다. 몰입 모드가 바로 불가佛家에서 말하는 마음 짓을 그치는 지止 단계의 관문이며, 지의 단계가 성숙하여 지속하게 되었을 때, 에고 모드가 꺼지고 무아 모드가 켜진다. 무아 모드가 켜지면 관觀이란 영역이 작동하기 시작한다. 관이 작동하면 에고 모드의 안이비설신의가 모두 공空함을 보게 되고, 에고 모드는 존재계 전체가 담겨 있는 시간과 공간, 수많은 차원들로 이루어진 무아 모드로 바뀐다. 이 무아 모드를 켜서 아공我空, 법공法空, 구공俱空까지 되신 분을 일러 붓다(깨달은 자)라고 호칭한 것이다.

이 부분에서 부연敷衍을 하자면 존재계 모두가 무아 모드를 가지고 있다는 것이다. 그래서 개유불성皆有佛性이라 하는 것이다.

무아 모드를 켜는 것은 각자 자신의 선택에 달려 있다. 그 선택이 바로 중생과 붓다를 가른다.(초발심시변정각)

무아 모드로 가는 중간 단계인 몰아 모드는 어린 시절에는 재미난 놀이, 10대가 되면 사랑, 어른이 되면 절박한 상황에 처해 있을 때나 공경함과 성실한 태도, 확고한 믿음에서 나타난다.

몰아 모드를 유도하는 것이 각 종교에서의 의식, 의례, 수행이다. 각 종교에서 절박한 기도의 분위기를 유도하는 것, 공경과 적막함 또는 반복되는 소리와 행위를 하는 것은 무아 모드로 가기 위한 방편이다. 무아 모드에서는 우주적 에너지체와 합일이 된다. 그래서 기적 같은 일들이 발생한다. 그래서 그 상황을 유도한 성직자를 우주적 에너지체와 동일시하는 우를 범해 사이비 교주가 탄생하게 하는 것이다. 가장 나쁜 행위는 이런 과정을 모르는 어리석은 신도를 자신에게 종속시키고 노예화하여 그들의 영혼과 몸, 재물을 취하며 가족과 친척, 친지들과 분리시키는 것이다.

알면 앎의 에너지 파동이 발생하고 앎의 현상계가 나타나고, 무지無知하면 무지의 에너지 파동이 발생해서 무지의 현상계가 각자의 인생에 나타난다. 알고 모름의 차이가 인생 경로를 결정하게 된다.

사이비 교주에 피해를 입는 것은 다 무지의 소산이다. 즉 '진리에 대한 무지'요 '나에 대한 무지'인 것이다. 이제 바로 알자. 순수 명상을 통해 '나'의 참모습을.

몸 돌아보기
(어떤 몸이 진짜 내 몸인가?)

'나'라고 생각하는 '나의 몸'들에 대해 사유해 보자.

① 육신肉身: 근육으로 이루어진 흔히 피와 살로 이루어진 나의 몸이다. 살로 이루어진 이 몸이 과연 나일까 생각해 보면 결코 이 살덩이로 이루어진 몸은 '나'가 아닌 것 같다. 사고로 팔이나 다리 등 지체가 떨어져 나갈 수도 있고, 병으로 몸 안의 장기를 수술 해 잘라 낼 수도 있다. 내 몸을 다 잘라 내 버려도 그 속에 진정 '나는' 찾을 수가 없을 것 같다. 결론은 이 몸은 '나'가 아닌 것이다.

② 재권명신財權名身: 재산, 권력, 명예로 이루어진 몸이다. 자신이 가진 재산과 권력, 명예를 자기로 삼는 몸이다. 특별한 경우를 제외하고는 이 셋은 함께 간다. 재산이 있으면 권력을 갖게 되고 권력을 갖게 되면 명예를 추구한다. 또 권력을 가지면 재산과 명예가 따라온다. 그리고 이름이 알려져 명성을 가지게 되면 자연히 재산과 권력이 따라온다.(유튜브의 인플

루언서들) 우리는 이 셋 중에 하나라도 타격을 입으면 마치 목숨을 잃는 것처럼 여긴다. 그래서 자살하는 경우도 있다. 하지만 엄밀히 보면 이 셋은 다 허상이다. 지금 내게 잠시 머물고 있을 뿐 인연이 다하면 내 곁을 떠날 것들인데 '나'라고 생각하고 '내 몸'이라 착각할 뿐이다.

③ 심신心身: 마음의 몸을 말함인데, 마음은 먼저 외부로부터 들어온 정보를 인지하는 식識이 있다. 그리고 그 식에 의해 좋고 나쁘고, 즐겁고 싫어하는 감정이 생긴다. 이 감정은 발생하는 순간 모든 심의식을 정지시키고 감정=나로 만든다. 그리고 의意는 식에 의해 발생한 정보를 분석하는 형식이다. 그래서 그 둘을 합쳐 의식意識이라 부른다. 이 모든 것들의 행위들을 저장하는 곳이 있으니 이것을 마음=心이라 한다. 심신을 돌아보면 10년 전의 심신과 20년 전의 심신과 지금 심신은 서로 상이하다. 의식 역시 학습에 의해 달라지기도 한다. 색다른 경험치 증가로 인해 심신은 항상 변화하고 있다. 그 무엇을 '나'만의 몸이라고 정의할 것이 없다.

④ 업보신業報身: 과거의 업(행위)으로 인해 나만의 특성을 가진 신체를 가지게 된다. 참고로 머리는 천리天理를 담고 있으니 머리에 병이 난 이는 천리를 어긴 경우가 많다. 부모, 조상, 스승과의 천륜을 어긴 죄는 반드시 머리에 나타난다. 몸통은 인륜을 상징한다. 동등한 시대를 살며 반드시 이해하고 사랑해야 할 이웃끼리 이해하지 못하고 증오하면 몸통에 흔적이 나타난다. 몸의 좌측은 남성, 우측은 여성과의 인연의 결과로 병이나 증표가 나타난다. 주고받음이 같을 때 건강하다. 배꼽 아래는 자기보다 못한 계층이나 땅의 존재들, 나와의 관계에 있어서 마땅히 이끌어

주고 보호해야 할 인연임에도 그리하지 못했을 때 그 흔적이 남는다. 지금 나의 몸은 지난(전)생의 과보로 이루어진 업신인 것이다. 이 몸을 받았다는 자체가 +와 −중에 −가 많다는 뜻이다. 그러니 몸을 가지고 세상에 태어난 중생들은 스스로의 오만과 아집에 빠지는 잘못은 하지 말아야 한다. 붓다의 32상을 대인상이라 한다. 대인이 될 수 있는 인과를 심었을 때 나타나는 특별한 상이다. 중생 중에도 32상 중 몇 가지가 나타날 때가 있다. 그것에 해당하는 인과는 전생에 행한 과보에 의한 것이다.

⑤ 허공신虛空身: 업보신과 심신이 담겨 있는 몸이 나의 공신空身이다. 『금강경』에 이상적멸분離相寂滅分이 있다. 눈앞에 나타난 물질적 상이나 마음에 새겨진 관념의 상을 떠나는 것을 말함이다. 32분의 일체유위법 여몽환포영 여로역여전 응작여시관(일체세계를 꿈과 같이 보고, 환영, 물거품, 그림자로 보며 해 뜨면 곧 사라질 이슬처럼, 번갯불처럼 보라.) 하신 붓다의 가르침을 상기하면 만날 수 있는 것이 허공신이다.

⑥ 본성신本性身: 그 어떤 것에도 의지하지 않은 채 천 개의 태양보다 더 밝은 빛의 몸이다. 『대학』에 재명명덕이 나오듯 우리들의 근원이요, 세계의 근원인 그 밝음=명明이라 하고 명으로 이루어진 몸을 고명신孤明身이라 하기도 한다. 이 고명신은 나의 본성이기도 하지만 세상만물이 단 한 순간도 떠날 수 없는 몸이기도 하다. 즉 나와 세상만물의 바탕이 되는 몸이라 생각하면 쉽게 이해가 된다.(하느님이 내 안에 있고, 나는 하느님 안에 있다.) 안과 밖이 없고, 너와 나를 나눌 수 없고, 절대 둘이 될 수 없으며, 부증불감, 불생불멸의 존재이기도 하다. 붓다가 해인삼매를 통해 얻을 수

있었던 몸이기도 하다.

명상을 통해 업보신과 심신을 자각하며 더 나아가 허공신을 확인해 본 다음 신성神性, 불성佛性, 본성本性의 몸을 확인했을 때 세상의 그 어떤 것과도 비교할 수 없는 기쁨, 환희를 맛볼 수 있다. 일명 법열이라 하기도 한다. 외부 조건에 의해 생긴 기쁨을 우리는 쾌락이라 한다. 선禪 =Dhyana=명상은 자기에 의해서 자기를 관찰하는 것이다. 우리는 이 명상을 통해 세상만물과 하나 되며, 이웃을, 세계를 내 몸처럼 사랑해야 할 이유를 알게 될 뿐 아니라 덕을 실천할 수 있는 에너지도 얻는다. 노자는 도를 통한 성인聖人이 정치를 했을 때 천지만물이 바로 서고 발전한다고 하였다. 하늘로 받은 것이 성이요, 성을 따르는 것이 도이다. 도를 찾아가는 길 역시 우리들의 본성신에서 찾을 수 있다. 결국 다 내 안에 있다는 말이다. 심외무법心外無法이요, 심외무물心外無物이다.

*눈앞의 물 한 잔은 신외신身外身이요, 물을 마시고 나면 신내신內身이 된다. 천상천하 모든 것이 신외신이다. 이 몸만 내 몸이 아니다. 그러니 내 몸 밖의 천상천하가 다 나의 몸이니 이 천상천하가 건강하고 행복하여야 이 몸이 건강하고 행복하다. 이것이 보살 정신이다.(초파일에 볼 수 있는 아기 부처님이 손가락으로 하늘을 가리키는 수인, 천상천하유아독존의 뜻은 신외신+ 신내신 모두가 내 몸이라는 뜻이다.)

하늘 공무원의 쓰임

하늘이 天地천지와 사람다운 사람을 만들 때는 지극정성과 끝없는 사랑으로 만들지만, 쓰일 때는 그 어떤 자보다도 엄밀하게 측정하고 측정한 바에 의해 쓰인다. 이름하여 천지불인天地不仁이라는 말이 전해져 온다. 즉 천지는 사람에게 인자하지 않다는 뜻이다.

예수께서 십자가에 못 박혀 돌아가실 때 '아버지 저를 버리시나이까?'라고 하셨을 때 바로 천지불인 하느님 아버지의 속성 즉 엄하고 정밀한 법리法理를 말한다. 원인과 결과를 엄히 정한 바 부처님 고조할아버지가 오셔도 인과법에서는 벗어나지 못한다.

반면에 '백겁적집죄 일념돈탕진'의 진리도 있다. 아무리 무거운 죄일지라도 세계와 나의 본바탕인 본성과 하나 되는 바, 백 겁 동안 쌓인 죄일지라도 한 생각에 소멸되는 이치도 있다. 이런 이치를 천주교에서는 성모님이라 칭하고, 불교에서는 관세음보살이라 호명하며 대자대비심으로 불가사의하게 중생을 위하시는 위位가 계신다.

세계를 보는 바 이理의 세계가 있고, 사事의 세계가 있다. 두 세계를 합쳐 이판사판理判事判이라 하기도 한다. 별도의 세계 같지만 이사理事의 세계가 서로 원융하여 하나가 되는 성질도 있다. 일념이 무량겁이 되고 무량겁이 한 찰나가 되기도 한다.

이런 진리는 분별과 사량심에서 나오는 것이 아니다. '내가 난데'라는 마음이 거쳤을 때(止心) 바다에 온 우주가 비치듯 해인삼매의 경계가 나타난다.
하늘(진리)의 공인公人을 일러 진정 하늘이 원하는 사람다운 사람이라 할 수 있다.

내가 사는 이 우주가 존재하는 이유, 내가 숨을 쉬며 살아가는 이유, 사랑하고 미워하고 애착하고 싫어하는 이유, 이 모든 것들은 존재의 이유가 있다. 바로 '내가 난데'라는 한 생각을 멈추고 천지와 모든 존재가 하나 되는 경지에 들어 스스로 하늘이 되고, 도道가 되기 위함이다. 이것을 불가에서는 심즉불心卽佛 즉 '마음이 부처다.' 하였고, 예수는 '천국은 여기 있다 저기 있다가 아니고 바로 네 마음속에 있다.'라고 밝혔다.

하늘의 허공 즉 거시 세계는 무한하지만 반대로 미시 세계 역시 무한하다. 무한함의 무한한 차원이 존재하고 각각의 세계가 있으니 그 세계마다 다 세밀한 세계가 있다. 대업을 논하는 자는 각각의 정밀함이 있어야 너와 나 모두에게 이익 되는 세계가 펼쳐진다.

　또한 복력이 높아야 도道도 높아진다. 복이란 너도 나도 이익 되는 것이요, 죄란 너도 나도 해로운 것이다. 복에도 유루복이 있고 무루복이 있다. 사판 세계에서는 지은 만큼 복록이 나오며, 지은 바가 끝나면 복의 자리에서 바로 떨어지는 나락가那落迦의 지옥이 펼쳐진다. 그러니 복을 누리고 있다고 생각하면 얼른 지혜를 닦아야 한다. 부처는 반드시 복력과 지혜가 합쳐져야 이루어지는 경지이다.

　도인道人은 하늘 공무원이다. 도를 닦는다 함은 자신을 닦는 것이요, 자신을 닦는다는 것은 생사生死를 벗어나는 것이요, 생사를 벗어나는 것은 생生 하려는 탐심과 애착심을 닦아서 죽음의 고통이 없는 경지이다. 이 몸과 나라는 것은 그냥 인연의 산물일 뿐 마치 가을 들녘의 허수아비와도 같다. 곡식을 지키기 위해 허수아비를 세웠을 뿐 허수아비는 허수아비일 뿐이다. 가을걷이가 끝나면 치워지는 것이다. 이 몸과 '나' 역시 같다. 인연이 되어서 생겨났고, 인연이 다하면 거두어지는 것이다. 애초에 특별한 나, 고유한 나는 없다.

　중생은 저도 모르게 '나'라는 애착과 물질에 대한 욕구를 가진다. 또 사유死有를 거쳐 중유中有에 있을 때 바로 생유生有로 나가고 싶어 안달하게 되고 지은 업식에 해당하는 생명체의 몸을 받게 된다. 현생에 몸을 집착한 바 내생의 몸을 받게 되는 것이다.

하늘 공무원이 되면 내 몸이란 세계가 몸을 벗어 커진다. 내 몸 안의 마음이 내 몸을 벗어나 커지면 그때 나타나는 것이 광배라 불리는 오로라이다. 흰색 배경 또는 단색 배경에 사람을 세워 놓고 무심히 바라보면 몸에서 나오는 오로라가 보인다. 밝은 색을 가진 이도 있지만 탁한 색을 가진 이도 있다. 그리고 몸에서 벗어나는 경계가 수행하는 바에 따라 달라진다.

도道에 접근하는 여러 명상법이 미국과 유럽에서 탄생되고 있다. 서구 사회에서의 명상인들은 초일류의 기업의 CEO, 방송인, 영화배우, 체육인 등 다양한 직종의 인플루언서들이 주를 이룬다. 명상법의 근원은 불교에서 연유한 것이지만 서구인들의 이성적 합리적 사고방식으로 재포장되어 그럴듯한 이름으로 한국의 마음공부 시장에 들어오고 있다. 서울 지역에서는 진작부터 시작된 일이다.

지금 내게 명상을 할 수 있는 인연이 닿아 있으면 소중하게 생각해야 한다. 아니 내 인생의 가장 귀하고 귀한 인연이라 생각해야 한다. 그리고 하루하루 수행의 시간을 저축하여 어느 순간 우리 모두가 하늘과 하나 되는 마음의 주인공, 천상천하의 주인공이 되기를 간곡히 바라고 바란다.

과거의 모든 것들과의 헤어질 결심

부처님께서 성도하신 그 순간을 유추해 본다.

6년의 설산 고행을 마치고 고행 주의 수행과 이별하셨다. 중도를 행하실 것을 결심한 채 보리수 아래서 좌정하시다 새벽 샛별을 보시는 순간 득도하셨다. 샛별(금성)과 당신의 눈 사이에 있는 공간空間에 마음이 옮겨간 순간 공空과 하나 되시고 공의 성질을 체득하셨으리라.

공=반야(지혜)=법신임을 체득하셨고 공에서 나온 현상계가 연기에 의해 성주괴공 하심을 깨달았으리라. 인연의 조합으로 이루어졌으니 제법무아를 체득하셨고 잠시도 쉼 없이 변화하는 현상계를 두고 제행무상을 깨달았으리라. 특별히 나가 없고 남들로 이루어진 현상계의 모든 존재들은 모두 다 고해苦海의 바다에 있음을 깨달았으리라.

부처님께서 득도하실 수 있었던 것은 과거의 모든 것들과 헤어졌기에 가능한 것이다. 과거와 헤어지지 않으면 우리는 과거와 같은 현재, 미래를 맞이할 것이다. 우리는 이제 자기 과거와 헤어질 결심을 할 때가 되었다.

일시에 이별하든 서서히 하든 이제 우리는 과거에 연연하지 말아야 한다.
그리고 지금 이 순간도 변화하고 있는 무상한 현실을 직시해야 한다.
지금 이 순간!
마음을 지금 이 순간에 몰입시켜 보자.(우리들의 마음은 끊임없이 과거와 미래
를 오고가고 있다. 오고가는 마음을 멈추는 순간 우리는 법신불과 하나 될 수 있다.)

법신불인 공空은 반야=무아=불성=해탈=중도=연기=불생불멸=무생인
이며 과거, 현재, 미래 시간성이 무너진 처處이다.

과거 심불 가득이건만 과거로 이루어진 아상을 지니며, 현재 심불 가득
이건만 현재 역시 나라는 아상을 지니며, 미래 심불 가득이건만 미래에
이루어진 또 다른 아상을 마음에서 꿈꾸고 있다.

지금 이 순간 결심하자.
과거의 모든 것들과 헤어질 결심!
마음공부는, 마음은, 그냥 마음먹기일 뿐!

진리는 자연 과학이자 자연 철학이다

진리는 자연 과학이자 자연 철학이다.

부처님의 회광처를 말하자면 서산에 해 지고 동쪽에 달 뜬다는 경전의 의미는 우리들 모두에게 있는 불성이 자연의 소산과 같다는 뜻이다.

자연 과학은 결코 이해의 대상이 아니다. 예를 들어 양자 역학을 100% 이해하는 이가 지구상에 몇이나 될까 생각해 보면 쉽다. 하지만 양자 역학의 소산인 전자 산업은 지금 우리들의 일상세계를 점령하고 있다. TV, 핸드폰, 형광등, LED 등 각종 전자제품이 다 양자 역학의 산물이다. 이해하지는 못하지만 활용하고 있는 것이 양자 역학이다. 우리는 결국 양자 역학에 익숙해졌고 일상사를 더불어 하고 있다.

진리를 찾는 수행자에게 진리는 이해의 대상이 아니라 익숙해지고 익숙해져 하나 되어야 할 궁극처이다. 천주교도로서 출가자가 되어 도량에서 일어나는 모든 사소한 일들이 다 궁극의 진리와 하나 되게 하는 과학임을 간파하는 데 그리 많은 시간이 필요하지 않았다. 불교 밖에서 본 불교는 미신적이고 비과학적으로 보였다. 하지만 출가 후 실제 행하며 익숙해지게 되고 경전의 내용들과 하나 되는 가피를 수도 없이 경험하게 되자 주변인들에게 말할 수 있었다. 사찰에서 일어나는 모든 의례와 사소한 행위는 모두 과학이라고.

부처님께서는 4가지 단계로 우리들에게 진리를 전해 주셨다.

1단계 이구전구以口傳口: 입에서 입으로 전해지게 했다. 초기 불자들은 부처님 말씀을 입으로 외웠다. 그리해서 지금도 경전 독송을 하는 수행법이 전해지고 있다.

2단계 이구전심以口傳心: 법문을 하심으로 마음에 닿게끔 하셨다. 많은 수행자들이 법문의 시간을 통해 불법을 마음으로 깨달았다.

3단계 이행전행以行傳行: 부처님께서는 직접 탁발하시고 80노구를 이끌고 전도하시면서 불법을 구하는 이의 표준적 모델이 되셨다. 부처님 뒤를 따르는 많은 수행자들이 부처님과 선지식 스님들이 지나가신 도행을 배우며 자신이 가고 있는 길을 점검한다.

4단계 이심전심以心傳心: 부처님 도道의 진수는 결국 마음과 마음에 의해 전해져 내려왔다. 경전 속의 법구가 부처님의 마음으로 느껴질 때 한없는 환희와 고마움에 눈물을 흘릴 때가 있다.

결국 도道는 머리로 하는 것이 아니라 온 몸과 온 마음이 불법의 바다와 하나 되는 것이다. 우리의 한 생각, 한 마음이 쌓여 영혼이 된다. 영혼의 구성은 결국 한 생각, 한 행위일 뿐이다. 이슬 같은 한 생각, 한 행위가 영혼의 강이 되고 영혼의 강이 바다로 바다로 흘러갈 때 그리고 종국에는 바다와 하나 될 때 구경각이라 할 수 있다.

신해행증信解行證

불교 수행법으로 알려진 신해행증을 실참법으로 해석해 보고자 한다.

삼보와 불법을 믿는다는 행위信行의 뜻인 신信은 먼저 자신을 믿어야 한다는 뜻으로 해석하고자 한다. 자기 수행에 대한 믿음이 없는 이들이 많다. 세상은 철저한 원인과 결과로 이루어져 있다. 콩 심은 데 콩 나고 팥 심은 데 팥 난다. 단지 내가 콩을 심었지만 햇볕이 덜 나고 비가 아직 오지 않을 수도 있다. 하지만 때가 되면 반드시 싹은 돋아난다. 심어 놓고 스스로 부정하는 이들이 의외로 많다. 실패감에 젖어 자존감을 상실한 이들은 자신을 믿을 만한 사람으로 인식하도록 노력해야 한다. 믿음은 마음의 소산이다. 즉 마음이다. 마음은 마음먹기이다. 그렇게 마음먹으면 곧 마음이 된다. 예전에 한 교회의 부흥회 장면을 본 적이 있었다. 진행자가 무슨 말을 할 때마다 "믿습니다. 할렐루야!"라고 합창하는 대중들의 모습을 보고 저렇게 대중들에게 믿음을 심어 주는 훌륭한 방법도 있구나 하고 생각했다. 불자들도 "나는 나를 믿습니다. 관세음보살!" 하고 마음속으로 외쳐 보라. 수십 번 수백 번 외쳐 보면 곧 마음이 되고 믿음이 된다.

다음 단계는 자기 이해이다.

자기의식 속에 어떠한 과거행이 저장되어 있는지 살펴보아야 한다. 자기 인생을 10살 단위로 또는 성장 단계로 나누어 돌아보기를 7번 하고 나면 평소 의식 너머 숨겨져 있는 무의식의 나를 발견할 수 있다. 나도 모르는 나의 모습을 발견하여 그 모습을 이해하고, 용서하고, 사랑하고, 이별하여야 한다. 제법무아임에도 나도 모르는 나의 모습에 집착하고 있는 나의 무의식을 발견하고 이해, 용서, 사랑, 이별의 단계를 거쳐야 한다. 이것이 해解의 단계이다.

참으로 어려운 게 언행일치이며, 심행일치이다. 마음과 몸이 하나 되는 연습을 해야 한다. 작은 일부터 심행일치心行一致를 시키는 연습을 하자. 가장 좋은 수행이 수식관이다. 들숨 할 때 들숨을 자각하고, 날숨 할 때 날숨을 자각하는 행을 해 보자. '들숨 관세음보살, 날숨 감사합니다.'를 현재심으로 할 수 있도록 부단한 도전과 반복에 반복 연습을 해 보자. 그러다 보면 어느 날 마음이 차분해지고 세상을 있는 그대로 보는 안목이 생긴다. 이것이 행行이다.

예전의 한 스승님께서 말씀하시길 세상 모두가 하늘이다. 그리고 제일 높은 하늘이 지금 내 옆에 있는 가족, 친척, 친지, 친구들이다. 이들에게 인정받을 때 가장 높은 하늘에게 인정받은 것이라고 하신 말씀이 생각난다. 자기 증명은 내가 하는 것이 아니라 내 옆 사람들이 해 주는 것이요,

남들이 나를 불러 줄 때 그때 이루어지는 것이다. 스스로 수행자라 생각 말고, 스스로 부처라고도 생각 말며, 스스로를 높이기보다 낮은 자리를 찾아가는 행을 꾸준히 해야 한다. 남들이 나를 어떻게 부르느냐에 따라 세상에서 나의 몫이 정해지고 공부의 경지가 정해진다. 혹여 남들이 나를 거룩하게 부른다 하여 나의 모습이라 착각해서는 아니 된다. 그 역시 무상한 일일 뿐이다.

내가 나를 아는 것

세상에 제일 중요한 일이 있다면 그것은
'내가 나를 아는 것'이다.

스스로 나를 느끼는 것을 자각自覺이라 부른다. 그런데 이것이 가장 쉬운 것 같지만 가장 어려운 일이다. 대부분의 사람들은 자기가 좋아하며 집착하는 허상의 자신에게 몰입돼서 진정한 자신을 놓친 채 살아간다.

자신의 참 모습을 찾은 자는 온유하며 세상 만유에게 자애롭다.
왜 온유할까? 참모습을 찾은 이들은 도리道理를 깨달은 자이기에 만인萬人들을 대할 때 당연히 예를 다하며 온유한 모습이리라.(도道는 예禮를 통해 나타난다.)
거친 먼지를 추진麤塵이라 부른다. 거칠다는 것은 사슴 록鹿 자 3개가 합친 글꼴이다. 수행자가 거친 언행을 한다는 것은 짐승과도 같으니 당연히 삼가야 한다.

혹시 만에 하나 자기를 더 높이려는 증상에만 사로잡혀, 남다른 자기 능력을 이웃들을 위해 쓴다고 스스로 오해하는 수행자가 있다면 당장 그만두어야 할 것이다.

수행자가 가장 경계해야 할 것이 신통력이다. 신통력이 아상이 높은 자에게 나타난다면 반드시 그것은 접신이나 빙의에 의한 것이다. 결코 자신의 능력이 아니니 설사 어떤 느낌이 있더라도 절대 입에 담거나 아는 척하지 말아야 한다. 그래야 자신에게 빙의된 신이 자기 존재를 부정한 것으로 인식하여 떠나간다. 그런데 자꾸 아는 척을 한다면 빙의된 신은 떠나지 않고 빙의된 몸의 진짜 주인이 되려 한다.

죽은 귀신이 산 사람에게 자꾸 접신이 되면 접신된 본인의 인격이 점점 망가지게 된다. 산 사람들로부터 분리되어 외톨이 인생을 살아가다 결국 우울증을 앓기도 하고 극단적인 선택을 하기도 한다.

이러한 일련의 과정을 보면 가장 중요한 것은 '내가 나를 아는 것'이다. 나의 모습과 언행은 모른 채 남 탓만 할 수밖에 없는 것이 '내가 나를 모르는 것'이다.

지금 내가 이웃들로부터 소외되었다 판단되면 반드시 돌아보아야 한다. 과연 지금 나의 인격이 온전한 나의 인격인지, 아니면 못난 내가 더 잘난 내가 되고 싶어 타력의 힘을 빌어 잘난 척하는 인격인지 반드시 돌아보아야 한다.

바른 수행 도인道人이 가지는 신통력은 최소한 색계 4선의 경지는 넘어야 나온다. 색계 4선의 경지는 최초 열반의 자리이다. '내가 난데'라는 것이 1도 없는 것이 색계 4선의 경지이다.(최초 열반의 느낌은 색계 4선, 온전한 열반의 느낌은 무색계 4선에서 나온다.)

이제 알았으면 자신이 의지하려는 나 아닌 다른 존재를 마음속에서 당장 버려야 한다. 그리고 그 자리를 온전히 부처님께 귀의한 마음으로 채워야 할 것이다.

제불 보살님들께 귀의한 마음이 진정으로 참이라면, 지금 내 앞에 계신 이웃들이 바로 부처님, 보살님으로 보이게 된다. 그러니 당연히 그 분들은 부처님처럼, 관음보살로 모실 것이다.

하루라도 빨리 이 사실을 깨우치고 단 하루라도 실천하고 죽으면 공자님 말씀대로
'아침에 도를 깨치면 저녁에 죽어도 좋다.'라는 말뜻을 이해하리라.

인생은 천명을 알고
천명을 이 땅에 펼치는 것이다

인생 40을 불혹不惑이라 한다. 미혹함이 없다는 뜻인데 40세에 우리는 얼마나 미혹했던가 싶다. 인생 50을 지천명知天命이라 한다. 하늘이 내려준 나의 명을 안다는 뜻이다. 60을 이순耳順이라 한다. 들려오는 소리가 다 순하다는 뜻인데 인생과 세상에 대해 모든 것을 이해하고 받아들인다는 뜻이다. 70을 종심소욕從心所欲 불유거不踰矩라 하여 마음이 일어나도 법도에 어긋남이 없다는 뜻이다.

지금까지 공부하면서 나와 세상을 관찰한 결과 각 개인의 인생은 자기가 선택한 길의 인연이고 그 인연들을 바탕으로 자기를 넘어섬으로써 자기와 인연이 된 모든 이들의 가치를 높이는 것이란 생각이 든다.

예를 들어 타고난 재물복과 권력을 지향하는 인생으로 태어난 이가 있다면 그는 타고난 재물복은 당연한 것이라 여기고 더 큰 재물을 원한다. 또한 없는 권력을 누리려 하는 무의식적 지향심이 있다. 그런 사람은 자기 무의식의 정반대 발현으로 가정 혹은 직장에서 본인을 억누르려 할 것이다.

서양의 심리학, 동양의 주역, 명리학은 다 사람의 내면 의식과 사회+자연+우주와의 관계를 설명하고 있다. 문제가 있으면 문제를 풀 답도 있는 것이 이 세상이다. 위에서 예를 든 이가 타인의 권력에 휘둘려져 힘들 때 극복할 수 있는 방법은 본인이 타인에게 도움을 주고, 타인을 키워 주는 엄마나 스승의 역할을 해야 한다. 그러면 저절로 자기를 휘두르려는 힘이 약화된다. 이를 명리학에서는 식신제살食神除殺이라 한다.

각자 타고난 운명은 각자의 십자가요, 근원적 문제이다. 그 문제를 푸는 것은 결국 학이지지學而知之이냐, 곤이지지困而知之이냐의 문제이다. 공자처럼 15세에 공부의 뜻을 두고 30세에 이립而立 하여 불혹과 지천명, 이순의 과정을 거치지 못하면 죽을 때까지 고생하다 겨우 알든지 이치를 알지도 못하고 원과 한을 가지고 내생에 복이 없는 존재로 태어나든지 해야 한다. 결국 원을 풀어야 하는 존재로 태어날 수밖에 없다.

유가儒家는 궁리窮理란 학습법을 이야기하고 있다. 하지만 개인적으로 유가의 수행법에는 불가佛家의 수행법과 결합된 부분이 많이 있다. 공부의 시작을 정좌와 부동심으로 치니 불교의 명상법과 동일하다.

개인적으로 추천하는 방법으로 우선 숨쉬기 연습부터 함이 옳다. 들숨/날숨에 집중하며 마음을 밖으로 내몰지 않는 연습부터 함이 시작이다.

자신에 집중하면 자기 마음을 의식하게 되고 마음의 흔적을 추적하다 보면 불생불멸의 본디 자아를 만나게 된다.

참자아를 알게 되면 그동안 살아오면서 말하고 생각하고 행하였던 제7의식인 말라식을 길들여야 할 때가 온다. 이때부터가 바로 마음공부이다. 그전까지는 다 몸부림이다. 내게 생긴 불행을 남 탓, 세상 탓으로 돌리며 그저 좀 더 편한 환경만을 추구할 뿐이다.

알고 행하는 것이 얼마나 힘들었는지 아는 사람이야말로 진정 수행자이다. 저절로 다 이루어졌다는 사람, 하늘로부터 선택받았다는 사람은 다 사기꾼이다.

공부를 위한 동기가 우선이고 그다음은 과정이다. 이 과정은 걷다 넘어지고 다시 일어나서 걷다 또 넘어지고 다시 일어나기를 반복하는 것이다. 이 과정 없이 생긴 결과는 다 미혹한 이들의 미혹한 욕심으로 인해 생긴 잠시 동안의 결과이다.

참수행자의 결과는 수행자 자신은 모른다. 달마 대사의 수양제에 대한 답변 역시 '나는 모르오.'였다.

이 정도까지 알기까지도 참 힘들게 걸어왔다. 훌륭한 스승님들과 많은 이들의 도움이 없었더라면 결코 올라가지 못할 계단이었다.

하늘 계단 끝에 다다라 굳게 닫힌 문 틈새로 본 하늘.
아! 나는 본래 없었다.

의도하든 의도하지 않든
세상은 성숙해 간다

도道를 한답시고 가족, 친척, 친지들을 버리고 산속 생활 10년을 했다. 알량하게 공부한 것을 가지고 여러분들에게 수행법을 전하고 나니, 마음 수련계와 종교계는 더욱 더 혼잡해졌다. 교주에게 빙의되어 가정이 파괴된 사례가 속출했다. 온 마음을 다 바친 순수 수행자들은 몸과 마음에 병이 들어 '왜 그분에게 그 공부법을 전수했습니까?' 하고 나를 찾아와 원망하기도 하였다.

요즘에 와서 나는 권유하고 있다. 한 가지 종교만 몰입하지 말고 다른 종교에도 관심을 가지고 공부해 보시라고. 한 가지 수련법만 몰입하지 말고 다른 수련법도 수련해 보시라고.

그렇게 했을 때 자신의 종교와 자기 수행법의 귀한 점과 부족한 점을 알게 된다.

삼계가 이 공空에서 생성하고 소멸할진대, 내 마음이라 불리는 이 공은 늘지도 줄지도 부숴지지도 않는다. 부처를 이루려는 자는 자기 마음 안에서 찾고 이루어야 한다. 타인에게 의지하면 사이비 교주를 만들게 되는 원인을 스스로 심는 우를 범하게 된다.

어떤 이가 진정 참 스승인가 돌아다보면 이런 이야기가 전해져 내려온다.

예전 일본의 막부 시절, 예수회 소속 한 사제가 막부 관리에게 잡혀 왔다. 관리는 예수님 사진을 밟으면 살려 주고 밟지 않으면 죽이겠다고 하였다. 이 사제는 옥에서 밤새도록 예수님께 기도하였다. 날이 새고 예수님이 그려진 성화를 밟아야 할 순간이 왔을 때 마음에서 예수님의 말씀이 울려 퍼졌다. '밟아도 좋다. 나는 너의 힘든 발을 잘 알고 있다. 나는 너에게 밟히려고 왔다. 나를 밟고 더 높은 곳으로 가라.'

부처님과 예수님께서 세상으로부터 섬김을 받으려고 오신 분이 아니고 자신들을 밟고 더 높은 곳으로 가라고 오신 분들이다. 그러시기에 더욱 우리가 예경한다. 마찬가지로 진정코 바른 스승이라면 자기를 믿고 배움을 의탁한 수행자들에게 그런 모습을 보여야 할 것이다.

나 역시 아직 학인이다. 배움을 청하는 학인이다. 너스레 떨며 배운 바를 토해 내고 있지만 공부하는 매순간 부족함을 느끼고 있다.

보살이 되는 3가지 수행 과정이 있다.

첫째 이숙인異熟因: 다른 성질로 성숙된 결과를 가져오는 원인을 말함인데, 500세의 인욕 선인의 과정을 거친 부처님의 생애를 유추해 보면 이

해가 되는 원인이다.

둘째 복인福因: 보살은 복을 많이 지어야 한다. 그리고 그 복은 반드시 회향하여야 한다. 삼세의 모든 중생들에게.

셋째 지인智因: 지혜의 원인 인자를 많이 심어야 한다. 지혜 인자는 선정에 드는 것이다. 지혜는 마음이 모아진 상태에서 나온다. 사마타라 불리는 다라니, 경전 독송 같은 것이 지인이라 생각하면 이해가 쉽다.

세간에 지인만 심고 복인을 심지 않으려는 이들이 있고, 심지어 누에가 고치 속에 잠들다 나비가 되듯 자신을 숙성시키는 과정을 버텨 내지 못하고 포기하는 경우도 있다.

초선初禪의 선정禪定을 체득한 자에게는 중생성을 깨뜨릴 깨달음과 관법의 능력이 생긴다. 물론 법열의 큰 기쁨과 행복감도 따라온다. 그런데 묘하게 이선二禪을 체험하고자 하는 이는 법열의 큰 기쁨을 포기해야 얻는다. 3선禪은 행복감을 포기해야 하고, 4선禪은 정신적 즐거움마저 포기했을 때 '나'라는 것의 껍데기가 벗겨지고 최초 열반의 자리를 맛보게 된다.

마음공부라 하는 것은 다 하나씩 포기하는 과정으로 진행된다. 그렇게 해서 산 정상에 오르고 나면 다시 하나씩 모든 것을 담아내는 과정이 나타난다. 길고 긴 이 여정을 혼자 가기보다는 도반들과 함께 가면 노고가 가벼워진다. 그래서 스승보다 도반이 더 중하다.

서로에게 좋은 도반이 되기를 간곡히 기도한다. 이 세상은 내가 모를 때 성숙해져 간다. 굳이 나를 의식해서 나를 통해 어떻게 성장시킨다는 생각은 버리자. 제발.

수행자들이 제일 힘든 것이 법상을 버리는 일이다. 법을 얻었다 생각 들면 벌써 내가 얻은 법은 법이 아니다. 그러니 회향하기를 습관화하자. 그리해야만이 본인이 잘못된 길로 접어드는 일을 사전에 방지한다.

일념통진업一念通盡業

한 생각에 모든 업을 다 소멸한다는 뜻이다. 우리가 매일 사시불공 시간에 하는 『천수경』에 나오는 내용과도 같은 내용이다.(백적만겁 일념돈탕진…… 여화분고초 멸진무유여 죄무자성종심기 심약멸시죄역망 죄망심멸양구공 시즉명위진참회)

진정한 참회란 나의 죄(업)와 '내가 나이다.'란 마음이 함께 멸해졌을 때를 말한다.

이러한 깨달음을 얻은 것을 법상法想이라 한다. 『금강경』에서는 이런 법상조차 무법상 즉 깨달음을 얻은 견해조차 없어야 함을 강조하고 있다. 그리고 한 걸음 더 나아가 역무비법상이라 하여 법상이 없음도 다시 한 번 아니다라고 역설하고 있다.

깨달음을 두 영역으로 나눈다. 해오解悟와 증오證悟로.

법성게에 법성원융무이상 제법부동본래적 무명무상절일체 증지소지

비여경 진성심심극미묘 불수자성수연성까지의 부분을 증오로 보고 나머지 일체일중다중일…… 구래부동명위불까지를 해오로 해석한다. 즉 의상 대사께서 수행을 통해 직접 깨달으신 부분이 앞부분인 불수자성수연성까지이다.

경전과 법문을 통해 깨달은 바를 해오로 보고 직접 공空의 체험을 한 것을 증오로 본다. 공 체험에도 함정이 있다. 무기공無記空에 빠져 공 체험을 한 것이라 착오를 하는 경우도 허다하다. 특히 부정관 수련을 통해 세상 모든 것이 없음으로만 인식하게 되었을 때 매우 무정한 심성을 깨달음으로 오해할 수 있다. 부처님께서 출타 중일 때 부정관 수행을 한 수행자들이 자살을 선택한 사례가 기록에 남아 있다.

결론적으로 이야기하면 있음을 집착한 수행자에게는 없음을 상기시키고 없음에 집착한 수행자에게는 있음을 상기시킨다. 있고 없음을 모두 떠날 수 있는, 있고 없음 이전의 마음을 주인 삼게 하려는 방편들을 편향되게 해석하고 받아들였을 때 수행의 오류들이 나타난다.

부처님의 도를 중도라 이른다. 중도는 있고 없음이 아니라 있고 없음 이전의 그 무엇을 일러 말하는데, 이것은 말로써 표현할 수도 없는 경지이다. 하지만 분명히 성성적적하게 있는 것이라 본인의 체험만이 증명할 수 있기에 '증지소지비여경'이라 의상 대사께서 말씀하신 것이다.

우리의 본성, 불성인 공을 일러 반야(지혜)라 말하기도 하고 불생불멸이라 표현하기도 한다. 그리고 이 공은 지혜와 더불어 사랑과 연민이 있어 일체중생과 한 몸임을 느끼기도 하여 일체중생을 구제하려는 서원이 저절로 일어난다. 그래서 관음보살, 지장보살이라는 인격체가 발생하는 것이다. 결코 무정하거나 우울증, 자살 충동 같은 것은 일어나지 않는다.

이 마음공부는 결코 쉽지도 가볍지도 않고 무겁고 어렵지도 않다.

우리가 판단하는 모든 것이 멈출 때 일어나는 현상이니 『반야심경』에서 '무안이비설신의'라고 표현한 것이다. '무안이비설신의'를 화두 삼아 실참하여 스스로 증득하는 길 만이 바른 공을 체험하는 길이다.

서두르지 말고(서두는 마음은 악이다.) 실망하지 말고 차근차근 사아승지천억 겁을 닦아서 부처가 되라는 석가모니 부처님의 말씀을 상기한다. 그냥 할 뿐이라는 마음으로 하다 보면 그러한 경지는 어느 순간 문득 나타난다. 꼭 공부하는 장소, 시간에 구애됨 없이 문득 나타난다. 그러니 일상사 전체가 공부의 장이 된다.

복과 지혜를 함께 닦으시었기에 부처님 명호 중에 복혜福慧가 있다. 똑같이 사람으로 태어났지만 누구는 성인聖人이시고 나는 왜 중생인가? 왜 나는 끝없이 중생의 탈을 반복하며 쓰고 있는가? 스스로 물어보는 것이 바로 화두선이다. 어느 날 스스로의 존재가 부끄러움으로 가득 차 있음을 느끼는 순간이 공의 세계로 들어가는 열쇠가 될 것이다. 공의 세계를 체험하면 세상 모든 존재에 대해 공경으로 대할 것이며 하심은 저절로 될 것이다. 나와 남을 살리는 지혜 역시 필요에 따라 저절로 나타날 것이다. 결코 머리로 기억하는 지식적 지혜가 아니라 끝없이 분출되는 샘물처럼 목마를 때마다 감로수로 적셔 주는 관음보살의 무한한 사랑의 지혜를 체험하리라.

해도 해도 이 곤궁함에서
벗어날 수 없습니다

간밤에 못난 한 학인이 곤궁함이 너무 길다고 구구절절 사연을 보내왔다.

부처님께서 '일체유심조'란 우주 최고의 진리를 우리에게 전해 주셨건만 중생들은 이해도, 활용도 못 하고 있다.

물컵 속에 빠진 개미가 어떻게 하면 빠져나올 수 있을까?
물컵은 곤궁함이요, 개미는 우리들 각자라 보면 된다.

물컵도 내가 만든 것이요, 개미도 내가 만든 나의 허상이다.
물컵도 허상, 개미도 허상임을 알면 과거의 내가 만든 업식에서 벗어날 수 있다. 하지만 물컵은 끝까지 물컵이요, 개미는 끝까지 나라고 믿고 있는 한 개미는 물컵 속에서 빠져나올 수 없다.

눈앞에 현실이 그냥 과거 업식이 투영된 환영, 그림자임을 인식하지 못하는 한 지금의 곤궁한 현실은 계속될 수밖에 없다.

관음보살께서 오온이 다 공한 것을 보고 고통에서 중생을 구제하신다는 『반야심경』의 심지를 전국의 수많은 사찰에서 매일 소리 내고 있지만 중생들은 이해도, 활용도 못 하고 있다.

지금부터 벗어나는 방법을 서술하겠다.

과거에 사로잡혀 있는 나의 마음을 먼저 무심無心으로 만들어야 한다.

5식을 먼저 놓아야 한다. 몸을 힘들게 하든지, 진언 수행에 몰입하든지, 수식관에 오롯 몰입하든지 몸과 마음이 하나 되는 경지에 도달해야 한다. 몸과 마음이 하나 된 경지를 조금만 지속하면 상수相隨의 경지가 되고 상수가 조금만 더 지속되면 마음 짓이 그친 지止가 되고 지의 단계가 조금만 더 지속되면 관觀이 된다.

부처는 일상생활에서 무엇을 할까 생각해 본 적 있는가? 부처는 일상에서 수식과 진언 수행을 하는 이다. 그리서 지관의 상태를 지속시키는 이다.

그냥 보고 있는 시간을 지속하면서 중생을 위한, 세상을 위한 마음을 내게 되면 그것을 서원이라 부르고 우주 전체가 그 서원을 창조하기 위해 움직이기 시작한다.

한 개인의 운명을 바꾸려면 먼저 7년을 수행해야 한다.

7년 동안 조심해야 한다.(마음을 잘 조절해야 한다. 마음의 노예가 되지 말고, 내 마음을 내가 관찰할 수 있어야 한다.) 몸의 움직임을 남과 세상을 섬기는 것에 중점을 두고 행하노라면 내 몸의 세포 하나하나에 보살행의 업식이 심겨지기 시작한다. 7년쯤 행하면 어느 정도 완성의 단계이다. 그리고 나서 3년 정도 보임을 해야 한다. 마치 와인을 지하 창고에 묻어 두고 숙성시키듯 현재의 고통을 마치 아지랑이처럼 느끼면서 3년을 보내고 나면 성숙한 인격자가 된다.

나의 행복은 타인의 행복을 먼저 성취시켜 줄 때 돌고 돌아서 내게로 온다.

마음공부 하는 학인은 10년을 한결같이 조심해야 한다. 마음의 주인 자리에서 벗어나면 얼른 다시 오르고, 오르고 내리고 반복하듯 7년쯤 하다 보면 더 이상 물러남이 없는 자리까지 올라간다. 그리고 무심 도인이 되어 3년 보임하고 나면 나의 일은 하나도 없이 그냥 자재하는 자유인의 삶을 살게 된다.

먼저 꿈에서 깨자. 물컵 속에 빠진 개미의 꿈에서 한시 바삐 깨어야 한다.

도저히 힘들면 꿈에서 또 다른 꿈이라도 꾸자. 그 꿈을 꾸기 위해서는 물컵도, 개미도 다 꿈인 것을 자각하여야 더 나은 꿈을 꿀 수 있다. 꿈을 현실로 여기는 한 꿈속에서 영원히 육도윤회 하는 것이다.(자각몽을 꾸듯, 현실이 꿈임을 자각해야 한다.)

한 가지 일에 온 마음을 다해야 한다. 마음에 마음을 더 이상 만들지 않을 만큼 긴박하든지 힘들든지 하면 된다. 마음이 과거에 머물지 말고 미래에도 가지 말며 오로지 내 손길, 내 발길에 오롯이 담기도록 현재에 몰입해 보자. 그런 순간 상수와 지의 경지에 오른다. 지가 되면 관이 곧 따라온다.(관이 되면 입신入神의 경지이다.)

부처가 된다는 것은, 대자유인이 된다는 것은 다 반복에 반복 습관의 산물이다.

지금 이 순간 가장 작은 일에라도 오롯해 보자.

나의 모든 문제를 해결하는 법

오온개공五蘊皆空 하면,

안이비설신의眼耳鼻舌身意의 모든 작용이 나 아닌 외부의 것이기에 나의 것이 하나도 없음을 아는 것이라면 나의 문제는 나의 문제가 아니다. 그냥 문제일 뿐 나의 것은 아니다. 세상 모든 현상은 식識이라 불리는 오온五蘊의 작용이 저장되어 있다가 마치 봄이 되면 새싹이 돋아나듯 환경과 조건이라는 인연들의 조합으로 말미암아 표현된 것들이다.

나의 문제는 내 문제가 아닐 때, 문제가 해결되는 출발점이 된다.

관음보살이 오온개공도 하셔서 중생의 고통을 해결해 주듯, 나의 문제 역시 나의 문제가 아닐 때, 아니 문제로서 더 이상 존재하지 않을 때, 그 순간의 마음이 일체유심조 하여 문제가 더 이상 문제로서 존재할 수가 없게 된다.

이 점을 모르고 중생들은 문제를 또 다른 문제로 해결하려 한다.

나의 본질, 나의 본성, 나의 근원이 불성이다. 이 불성은 불에 태워도 타지 않고 물속에 있어도 젖지 아니하고 세상 그 무엇도 부술 수 없으니 금강(다이아몬드)이라 부른다 하지 않는가!

반反 돌이킬 반, 조照 비출 조, 감정이 일어나거나 생각이 일어나면 상대를 탓하기 전에 일어난 감정과 생각을 돌이켜 이 감정과 생각이 어디에서 일어났는가 물어보자.

그것이 수행이다. 수행은 내게도 불성이 있음을 알아내려는 과정이다.
하나의 수행만 할 때를 단행單行, 주력 기도, 염불, 좌선, 간경, 예참禮懺 (예불과 참회) 등을 융행融行이라 한다. 그 어떤 수행을 하던 그것은 나의 본디 자아를 인식하기 위함이다.

파도가 멈추면 바다는 고요해진다. 마음 짓이 멈추면 바다가 고요해지듯 마음은 거울 면처럼 고요하고 청정해진다. 그 마음 거울에는 온 삼라만상이 비춰진다. 그 경지를 대원경지라 한다. 큰 거울에 삼라만상이 다 비추어진다 하여 대원경지라 한다.

공空이 반야지般若智요, 삼세제불이 의지하는 바이다.
마음에서 마음 짓이 멈추면 마음은 더 이상 마음이 아니다. 그 마음 아닌 마음을 무엇이라 부를 수 없어서 또 마음이라 부르고 공이라 부르고 반야, 불성 등 다양한 호칭이 이어진다.

나의 모든 문제를 해결하는 법은 그 공의 마음으로 돌아가는 것이다. 파도가 바다에서 일어났듯이 나의 문제, 근심, 걱정도 다 내 속 공의 마음에서 일어났다. 나의 번뇌를 잠재우면 문제를 해결할 지혜는 저절로 나타난다.

결코 마음을 따라가면 아니 된다.
결코 감정을 따라가면 아니 된다.
결코 생각을 따라가면 아니 된다.

생각과 감정이 일어난 곳을 돌이켜 비추어 보아야 한다.

너는 누구인가? 아니 나는 누구인가? 그 무엇이라 물어도 좋다. 선방의 대표적 화두 '이 뭐꼬'는 일어나는 생각, 감정에 대한 질문이 결국 나의 근원인 불성으로 인도하는 등불인 것이다.

말세 선지식의 실태

『원각경』보각보살장품에 나와 있다. 말세 선지식이 넘어야 할 4가지 병이 있다. 선병禪病이라 하여 말세에 마땅히 나타날 형태에 대해 말씀하고 계시니 마땅히 참고하여 새길 만하다.

첫째 작병作病이다. 만일 어떤 사람이 말하기를, 나는 본심에 갖가지 행을 지어서 원각을 구하리라 하면, 그 원각의 성품은 지어서 얻어지는 것이 아니므로 병이라 하느니라.

부처님 도량이라 해서 다 궁극의 교법만 있는 것은 아니다. 특히 지식만을 쌓아 불법을 설하는 이를 경계해야 한다. 아는 것과 행하는 것은 다르다. 특히 알고 행하고 나면 한 바가 없어야 하는데, 한 바가 있는 이가 설하는 법은 근기가 낮은 수행자들에게는 가장 그럴듯하게 들린다. 왜냐하면 낮은 경계가 쉽게 귀에 들어오고, 자기들이 원하고 받아들이기 쉬운 이야기만 하기 때문이다.

둘째 임병任病이다. 만일 어떤 사람이 말하기를, 나는 지금 생사를 끊지도 않으며, 열반을 구하지도 않는다. 열반과 생사에 일어나거나 멸한다는 생각이 없고 저 일체에 맡기어 모든 법성을 따라 원각을 구하리라 하면, 그 원각의 성품은 맡겨서 있는 것이 아니므로 병이라 한다.

도道가 사람을 넓히는 것이 아니고 사람이 도를 넓힌다. 불법이 아버지라면 방편은 어머니이다. 불법이 아버지라면 경전은 어머니이다. 두 부모가 있어서 도道가 나온다. 불법을 실로 깨우치지 못한 이가 어머니만 강조하고 아버지를 모르고 길을 인도한다면 아버지인 불법으로 가는 것이 아니라 방편을 설하는 개인에게만 종속되게 한다. 세간에 부처님을 향하기보다는 방편인 스승에게만 몰입하게 하는 종단과 가르침들이 있다. 이 역시 바르지 못한 말세의 삿된 법이다.

셋째 지병止病이다. 만일 어떤 사람이 말하기를, 나는 지금 자신의 마음에 모든 망념을 영원히 쉬어 일체 성품이 고요한 평등을 얻어서 원각을 구하리라 하면, 그 원각의 성품은 그쳐서 부합되는 것이 아니므로 병이라 하느니라.

그침[止]은 그침이 목표가 아니다. 허공에 손을 젓다가 멈추고 나면 영원 무변한 허공이 나타난다. 그것이 나의 고향인데, 그침에만 집착하니 이 역시 선병禪病이 되어 우울증 같은 부정적 심소가 나타나게 되는 원인이 된다.

넷째 멸병滅病이다. 만일 어떤 사람이 말하기를, 나는 지금 일체 번뇌를 영원히 끊어 몸과 마음도 필경 공하여 있는 바가 없거늘 어찌 하물며 근

根과 진塵의 허망한 경계가 있으리요. 일체가 영원히 적멸함으로써 원각을 구하리라 하면, 그 원각의 성품은 고요한 모습이 아니므로 병이라 하느니라.

이 모든 것은 관념의 병이다. 공부가 생각에만 머물면 이런 병에 걸린다. 있고 없음이 모두 도道요 있지 아니한 것도, 없지 아니한 것도 다 도道이다. 불교 수행법의 한 부분만 보고 간다면 이런 병에 걸리는 것도 마땅하다. 죽어 보지 못한 이가 죽음을 설하고 죽음 이후 필요한 공덕이 무엇인지도 모르는 이가 함부로 입을 놀린다. 의외로 바른 선지식은 가까이 있다. 다 나의 바르지 못한 욕망에 의해 바른 선지식을 버리고 삿된 선지식을 찾아간다.

공기의 고마움을 모르듯, 눈앞의 바른 스승은 보지 못한다. 가까이 있는 큰 나무에는 온갖 벌레와 새들이 깃들어 나무가 나무로 보이지 않을 수도 있다. 하지만 그 나무가 진짜 나무이다.

법화경에서 말하기를 보살이 머무는 곳은 현재 이 순간이다. 바로 내 눈앞에 보살이 머문다.

멀리 있는 나무는 의외로 나무가 아니요 풀과 같은 존재일 수도 있다. 오래된 간판을 휘어 감고 올라가서 눈에 쉽게 들어오고 귀에 쉽게 들릴 수밖에 없을 수도 있다.

일상생활 수행법
(수행력을 놓친 이를 위하여)

　지금 이 순간에도 어려운 환경에서 꿈을 향해 나아가는 대한민국의 수많은 청춘들을 생각하면 가슴이 미어진다. 이 땅에 태어나 지금까지 살아 보니 부모 세대보다 어려운 경제 구조에 놓인 세대들이 현시대의 청춘들이다.(우리의 미래이자 현재 대한민국의 청춘들이 결혼을 포기하고 결혼을 해도 아기 갖기를 포기하고 집 사는 것을 포기하고 심지어 인간관계도 포기한다. 포기하는 것이 많아 3포, 4포, 5포의 시대를 산다.)

　2020년에 태어난 아기들은 약 27만 명이다. 참고로 1960년에 태어난 이들은 108만 명이다. 먹고살기가 더 편해졌어도 이 땅에 사는 사람들의 숫자는 점점 줄어든다. 이 시대의 화두는 부모를 봉양하고 동생들 학비 대느라 발버둥 쳤던 베이비부머 세대들이 농경 시대, 산업 시대를 거쳐 오는 동안 무엇을 놓쳤고 무엇을 잃어버렸는가이다. 그 과보로 베이비부머 세대들은 늙었지만 독립하지 못하는 자식들 때문에 걱정 속에 살고 있다. 자신들의 노후 문제는 그대로 노출된 채 국가에서 주는 3—40만 원의 연금만 쳐다보고 있다. 그 돈도 곧 고갈이 된다 하니 젊은이들을 볼 면목도 없다.

어쩌다 이렇게 되었는가 자문들 해 보자.
우리가 무엇을 놓쳤는가 각자 자신들에게 물어보자.

붓다께서 깨달으시고 인류에게 제시한 인과법을 조금만 더 깊게 사유해 보면, 인연법이요, 각자 내가 나라고 할 것이 없는 무아법이요, 중생의 몸 그대로 법신불이요, 생사법이 그대로 열반이다. 우리가 이것을 놓쳤기에 현실에서 좋고 나쁨과 좋고 나쁨의 의식이 판 우물에 빠진다. 결국 오욕락의 꿀물에 정신을 잃고 불성의 자성을 잊은 과보가 아닌가 생각해 본다.

수행자들이 중생의 탈을 벗기 위해 3독이라 불리는 탐·진·치를 닦는다고 한다.
예전 선지식인들이 붓다의 원음인 팔리어와 산스크리트어를 번역할 때 3독을 탐욕, 분노, 어리석음이라고 지칭하였지만 정작 인도 철학을 전공한 이들의 이야기를 들어보면 탐·진·치는 좋아함·싫어함·좋고 싫어함에 빠져 현재를 놓치는 것이라고 한다.

인과법을 좀 더 깊게 사유해 보면 지금 이 어려운 처지는 과거의 어떤 원인 인자로 시작되었다. 그 원인은 우리가 좋아했던 물질적 조건들이었고 그러한 물질적 조건에만 빠져 인간의 가치를 나누었던 큰 오류가 현재 사회의 좋고 나쁨의 절대적 가치 기준으로 정해졌기 때문이다. 그리하여 젊은이들은 인간의 가장 기본적 욕구조차 포기하게 된 것이다.

이제 알았으면 지금부터라도 좋은 것이 좋은 것이 아님으로 보고, 나쁜 것이 나쁜 것이 아님으로 보는 실천을 해야 한다. 좋고 나쁨에 빠져 정작 소중한 인간의 가치를 놓치게 된 것이다. 결코 물질적 조건이 인간이란 존재의 가치를 정할 수 없다.

인간은 이 우주에서 가장 소중한 존재이며 이 우주를 넘어 수많은 존재계에서도 가장 소중한 존재이다. 인간만이 깨달을 수 있으며 존재계의 주인이 될 수 있다. 그리고 자신을 포기하고 전체를 살릴 수 있는 역량을 가지고 있는 것 역시 평범한 중생의 한 인간이다. 한 사람의 가치가 이렇거늘 어찌 사람을 사라지고 말 물질의 조건으로 가치를 정할 수 있는가?

일상생활 수행법을 논하고자 한다.
무념무상, 불생불멸이 불성의 모습이라면 일상생활 중에 무념무상을 실천해 보자.
무념이란 생각을 하지 않는 것이 아니고 생각이 일어났을 때 생각을 따르지 않고 생각이 일어난 곳으로 마음을 돌리는 것이 무념이다. '이 뭐꼬'라는 화두는 '생각을 하는 놈을 누구인고.'라는 의미인 것이다. 즉 생각이나 감정에 빠지지 않고 오히려 생각과 감정이 어디서 일어났는고 하며 자문하는 것이 무념이요 무상이다. 자문하는 순간 마음은 생각과 감정의 우물에 빠지지 않고 빠져나와 자신을 관하는 주체가 된다. 즉 관자재보살이 되는 것이다.

자신이 인연의 조합으로 지금 잠시 존재하는 것뿐이지 태어난 적이 없음을 자각한 자는 자신이 벌써 불생의 존재임을 깨달은 자이다. 불생한 자이니(태어나지 않은 자이니) 불멸의 존재(죽음이 없는 자)인 것이다.

머리로만 알 것이 아니라 명상 실참을 통해 증오證悟해야 한다. 방금 위의 설명으로 안 것을 해오解悟라 하고 또 지知라고 한다. 실참 수행을 통해 증오한 것을 각覺이라 한다. 그래서 예전 어른들의 말씀 속에 훌륭하신 언행을 보이는 분을 일러 '지각 있는 분'이라 지칭한 것이다.

알고 깨닫는 것이다. 해오를 통해 증오로 나아가는 것이다. 무엇보다도 일상생활 중에 마음과 감정이 일어날 때 마다 '이 뭐꼬?' 하며 일어나는 마음의 바닥을 물어보아야 한다. 그 물음이 절실해져 데굴데굴 구를 때 내 안의 불성이 답을 해 준다. 원래부터 모두에게 다 있는 불성, 본성, 부처님을 만날 때의 그 기쁨은 세상의 그 어떤 기쁨과도 비교할 수 없는 희열이다. 이름하여 법열이다. 그 법열을 느낀 자라야 원수를 7번씩 77번까지 용서해 줄 수 있고 이웃을 내 몸처럼 사랑할 수 있다.

모든 실참 이전에 꼭 필요한 수행
=자기自己 사랑하기

어떤 이는 행위의 결과가 있는 반면 어떤 이는 행위의 결과가 미진하거나 없을 수 있다. 그 이유는 자기가 자기를 얼마나 사랑하느냐 사랑하지 않느냐 또는 자기를 믿을 만한 존재로 인식하느냐 아니면 자기를 불신하느냐의 차이이다. 그리고 단 한 번이라도 성공한 자, 승리한 자는 성공의 의식, 승리의 의식을 가질 수 있고 종국에는 성공한 자, 승리자가 되는 기반이 된다.

자기 사랑하기 시나리오

엄지손가락을 교차해 양 손바닥으로 자기 가슴을 안는다.
'나는 나를 사랑한다.'를 마음속으로 10번 선언한다.

내 몸의 구석구석을 느껴 보자. 머리, 이마, 눈, 귀, 코, 입, 얼굴 전체, 목, 몸통, 등, 엉덩이, 다리, 발, 발바닥, 발가락, 발목, 무릎을 거쳐 허벅

지, 우측 다리, 좌측 다리를 느껴 본다.

제일 먼저 나의 발을 느껴 보자. 양말 안에서, 신발 안에서 묵묵히 나의 온몸의 무게를 받쳐 주며 태어나서 지금까지 수고해 온 나의 발에게 그동안 수고했다. 고생했다. 그리고 나의 발 역할을 해 주어 정말로 고맙다. 그리고 사랑한다. 나의 발이여. 말해 보자.

발목, 장딴지, 무릎, 다리 전체에게 말한다. 처음 걸음마를 떼고 나서 한평생 지금까지 내가 가고자 하는 곳까지 이동할 수 있게끔 나의 다리 역할을 해 준 나의 두 다리에게 그동안 정말로 고생했다. 수고했다. 나의 다리 역할을 해 주어 정말로 고맙다. 그리고 사랑한다. 나의 다리여. 말해 보자.

나의 엉덩이를 느껴 본다. 내가 앉아 있을 때 내 몸무게 반 이상을 감당하며 나를 바로 앉아 있을 수 있게끔 해 준 내 엉덩이에게 말해 보자. 그동안 오랜 세월 수고했다. 내 엉덩이 역할을 해 주어 정말로 감사하고 감사하다. 그리고 사랑한다. 내 엉덩이여.

이제 나의 복부, 즉 배와 등, 몸통 전체를 느껴 본다.
나의 몸통 안에는 대장, 소장, 위장, 췌장, 간장, 폐 등등 다양한 장기가 독립적이면서도 유기적으로 지금 이 순간에도 각기 자기 역할을 다하고 있었다. 태어나서 지금까지 묵묵히 자기 역할을 하고 있지만 아파서 고통을 느끼기 전까지는 한 번도 나의 장기들에게 수고했다, 고맙다, 사랑한다는 말을 한 적이 없었다. 오늘 나의 몸통과 몸통 안의 모든 장기들에게 말한다. 그동안 수고했다. 정말로 고맙다. 그리고 사랑한다. 말해 보자.

나의 양팔과 양손을 느껴 본다.

손가락 하나하나, 손바닥을 느껴 본다. 평소에는 단 한 번도 손에 대한 고마움을 느껴 본 적이 없었다. 있으니 당연하다고 생각하였다. 그러다 손가락 하나라도 다치면 그 불편함만 느꼈을 뿐 내 손의 감사함, 소중함에 대해서는 생각한 적이 없었다. 이 손이 있었기에 이 손, 이 팔이 있었기에 연필을 잡고 기역 니은 디귿을 배울 수 있었고 내가 살아가는 데 필요한 수많은 일들을 할 수가 있었다. 오늘 나는 진심을 다해 나의 손에게, 나의 팔에게 말해 보자. 그동안 수고했다. 고맙다. 진실로 사랑한다.

이제 나의 목을 느껴 본다.

사물을 더 자세히 보려 할 때나 머리를 이리저리로 돌릴 때 나의 목에는 많은 압력이 발생한다. 하지만 나는 나의 목에 소중함, 감사함을 느끼지 않았다. 지금까지 수도 없는 고갯짓으로 말할 수 없는 고행을 한 나의 목에게 말해 보자. 그동안 정말로 수고했다. 고맙다. 그리고 사랑한다.

이제 나의 얼굴이 담긴 머리를 느껴 본다. 눈, 코, 귀, 입, 이마, 정수리 그리고 머리의 뒷부분을 천천히 느껴 본다. 내가 볼 수 있어 눈에게 감사해야 함에도, 내가 들을 수 있어 귀에게 감사해야 함에도, 입이 있어 먹고 마시고 말할 수 있음에 감사해야 함에도 그냥 당연히 생각하고 단 한 번도 나의 눈, 코, 귀, 입에 대해 고맙다고 수고했다고 사랑한다고 말한 적이 없었다. 오늘 나는 나의 온 마음을 다해 나의 눈, 코, 귀, 입에게 그동안 수고했다. 고맙다. 그리고 사랑한다고 말해 보자.

보고, 듣고, 냄새 맡고, 맛보고, 감촉을 통해 들어온 외부 대상에 대해 사리분별과 판단을 한 나의 두뇌에게 그동안 머리 역할을 해 주어 고맙다. 수고했다. 사랑한다. 말해 보자.

마지막으로 온 마음을 다해 나의 몸 구석구석을 향해 수고했다. 고맙다. 사랑한다고 말해 보자.

발바닥, 발, 발목, 무릎, 다리, 엉덩이, 등과 배, 대장, 소장, 췌장, 간장 , 폐, 목, 눈, 코, 귀, 입, 이마, 머리…… 그동안 수고했다. 정말로 너희들이 있음이 고맙다. 그리고 사랑한다. 말해 보자.

자애 명상慈愛冥想
(자비慈悲 명상) = 자관慈觀

: 마음을 안정시켜 주며, 사랑을 방사함으로 행복과 기쁨이 상향된다. 고도의 정신적 향상과 성숙함이 생긴다.

① 한정된 대상을 향해 한다. 사람, 집단, 국가를 위한 기도.

(어머니, 아버지, 스승님께서 행복하고 평화롭기를 기원합니다. 5분~10분 정도 한 다음 대상을 바꿔 가며 한다.)

② 무한정된 대상을 향해 한다. 우주에 존재하는 모든 것.(모든 존재들이 행복과 평화롭기를 기원합니다. 모든 존재들이 괴로움에서 벗어나기를 기원합니다.)

<청정도론>의 자애 명상법

자애 수행을 할 때는 제일 먼저 자기 자신에 대해서 거듭거듭 자애를 닦으라고 한다. "내가 행복하기를, 고통이 없기를" 혹은 "내가 원한이 없기를, 악의가 없기를, 근심이 없기를, 행복하게 삶을 영위하기를"이라고 하면서 자애를 일으킨다. 또는 "내가 행복하고 평화롭기를, 몸 마음 평안하기를"이라고 짧게 할 수 있다. 자애 구절은 너무 많지 않게 2~3개를 활

용하는 것이 좋다고 한다. 자기 자신을 자애의 첫 대상으로 삼은 이유는 본보기로 삼기 위해서이다. 내가 행복하기를 원하고 고통이나 불행, 죽음을 원하지 않는 것처럼 다른 중생들도 그렇다고 알 때, 타인의 행복과 안녕에 대한 기원이 자연스럽게 일어나기 때문이다.

자신을 대상으로 자애를 충분히 닦았다면 이젠 네 부류의 사람들에게 차례대로 자애를 닦아야 한다. 첫째는 존경하는 분, 둘째는 좋아하는 사람, 셋째는 중립의 사람, 그리고 넷째는 싫어하는 사람이다. 이 순서는 자애가 잘 일어나는 사람들을 우선적으로 배려하고 분류한 것이다.

첫 번째 대상인 존경하는 분에게 자애를 닦을 때 그분의 성품이나 좋은 점을 잠시 떠올리고 자애 구절을 마음속으로 읊조리면 된다. "부디 내가 존경하는 분께서 행복하시길, 고통받지 않으시길" 혹은 "그분께서 평안하고 행복하시길, 육체적 정신적 고통에서 자유롭기를"이라고 읊조리며 자애를 보낸다. 나머지 세 부류의 사람들에게도 동일한 방법으로 자애를 보낸다.

때로는 자애가 잘 일어나기도 하지만, 때로는 일어나지 않기도 한다. 어떤 사람을 대상으로 삼았을 때 그 사람에 대한 과거의 나쁜 기억이 떠올라서 화가 날 때도 있다. 그럴 때는 여러 가지 방법으로 자신의 마음을 달래고 경책하면서 화를 가라앉혀야 한다. 그렇게 수행하여 네 부류의 사람들에게 평등하게 자애가 잘 일어나면, 수행자는 대상에 대한 좋고 나쁨의 차별심을 극복하면서 자애선정慈心解脫을 성취한다. 수행자가 자애선정에 들었을 때는 자애를 지닌 무량한 마음으로 시방세계를 풍성하게 가득 채울 수 있다고 주석서는 설명한다.

이렇게 자애 명상은 자심 해탈이라는 선정을 성취할 수 있는 사마타 명상으로 수행하거나 위빠사나 수행을 돕는 보호 명상법으로 실천할 수 있다.

*죽은 사람을 대상으로 하지 않는다.

자애 명상의 유익有益

① 편히 잠든다. ② 편히 잠에서 깨어난다. ③ 악몽을 꾸지 않는다. ④ 사람들이 사랑하게 된다. ⑤ 사람들이 아닌 천사, 동물들도 사랑하게 된다. ⑥ 천신이 보호한다. ⑦ 물, 불, 독극물, 무기 등 외적인 해로움이 없다. ⑧ 마음이 빠르게 집중된다. ⑨용모가 밝아진다. ⑩죽을 때 혼란이 없다. ⑪ 아라한이 되지 못하더라도 범천 또는 색계 초선천에 환생한다.

생사즉열반生死卽涅槃

　무위無爲는 하고도 함이 없음이요, 유위有爲는 하고도 함이 있음이라. 수도인修道人은 무위법을 따라하지만 무위법과 유위법이 다 공空이라 불리는 반야般若의 자리에서 일어나는 일이다. 무위도 유위도 다 공空이 그 바탕이다.

　바탕의 입장에서 보면 생사법(중생의 윤회법)이 열반의 자리에서 일어난 것이다. 좀 쉽게 생각해 보면 '바다'라는 불성, 열반, 도道…… 무엇이라 불리는 존재의 바탕 그 자체에서 일어나고 사라지는(생사법) 파도가 나온다. 파도를 파도로만 볼 때는 생과 사가 있다. 그러나 바탕인 바다의 입장에서 보면 생과 사가 없고 불생불멸 열반의 자리에서 한 치도 벗어난 적이 없다.

　파도가 파도인 것을 포기하는 것을 '대포기'라 한다.
　파도가 '나는 누구인가?'라고 자문하는 것을 '대의혹'이라 한다.

파도가 파도를 잠재우기 위해 목숨을 헌신짝처럼 여기며 하는 행위를 '용맹정진'이라 한다.

파도의 세계는 안이비설신의로 이루어진 6근과 색성향미촉법이라 불리는 6경, 6근이 6경계를 만나 저장한 6식을 18계라고 한다. 파도의 세계 즉 중생의 세계는 18계 더 이상도 이하도 없다. 이 18계를 관찰하는 것을 계분별관界分別觀이라 한다.

이 관觀을 위해 지止가 필요하고 지를 위해 상수라는 몰입의 경지를 반드시 체험해야 하고 행위와 마음이 하나 되는 상수는 들숨, 날숨을 세는 수식으로 시작한다. 이러한 수련법은 부처님 사후 200년 동안 전해져 내려온 오정심관五停心觀 중 하나의 수련법이다.

백유경 수업에 명상 실참을 병행하는 이유도 해오解悟로서는 무생법인無生法忍을 얻을 수 없고 오로지 실참과 체험을 통한 증오證悟만이 무생법인을 득할 수 있기에 짧지만 실참의 시간을 가지고 있는 것이다.

명상의 궁극지＝공아空我＝반야삼매
『요가경』에서는 '마음의 소멸'

　반야의 원어는 프라즈나Prajna 인간이 진실한 생명을 깨달았을 때 나타나는 근원적 지혜로 굳이 반야라 하는 것은 중생의 분별지와 대비되는 無분별지이기 때문이다. 분별하지 않았을 때 나타나는 지혜이기에 반야라고 한다. 자기 존재의 근원을 스스로 깨달았을 때 나타나는 지혜로 피안의 세계를 뜻하기도 한다. 이 공空의 성질은 지혜와 자비의 상즉相卽으로 대승불교의 보시 정신이 태동되는 근원이기도 하다. 『화엄경』에서는 성문과, 연각과는 완전 이해할 수 없는 불공이라 서술하고 문자반야, 관조반야, 실상반야 즉 반야를 3가지로 분류하고 있다. 문자반야＝방편반야라하기도 하고 경, 율, 논, 서 등 문자로 전하는 반야, 관조반야는 문자와 글, 말에 의해 전할 수 없고 오로지 수행, 실천을 통해 진리에 체득하는 것으로 무념 무분별의 지혜이다. 실상반야는 관조반야로 체득되는 궁극적 진리로 천태종에서는 중도실상 혹은 일체종지로 기술한다. 동방의 석가 원효가 중생 속에 여래가 감추어져 있다 하여 실상반야가 곧 여래장이라는 여래장 사상을 전파하였다.

일심삼매一心三昧를 증득하였다 해도 수행을 통해 처음 증득하는 반야 삼매를 인분반야因分般若라 한다. 이는 중생의 미혹을 닦는 반야, 즉 지혜라 부른다. 수행자들이 처음 체험한 반야삼매에서 증상만에 빠지지 않고 더욱 정진하여 구경각에 이르렀을 때 만나는 반야를 적조반야寂照般若 혹은 과분반야果分般若라 하는데 붓다의 진신 사리를 모신 전각을 적멸보궁이라 칭하매 붓다와 동일시하는 경지인 적멸을 비추어 보는 반야라 하여 적조반야라 한다. 이 세계를 일러 청정계요 적멸계라 하기도 한다. 반야가 완성되어 항상 자재하는 과분반야, 혹은 적조반야(고요할 적, 비칠 조)라 하며 대광명이라 하고 무상정등등각, 아뇩다라삼먁삼보리라 부른다.

이 삼매에 들면 無생로병사, 불생불멸의 경지에 든다.

어상관공於相觀空=적조반야=상적상광常寂常光: 상에서 공을 보는 삼매, 머묾이 없는 세계=무주상삼매無住相三昧라 칭한다.

생활 속 현대 명상

　명상을 통해 현실을 바꿀 수 있는 가장 핵심 포인트는 나의 관념, 세상 것에 대한 나만의 개념, 즉 생각을 바꾸는 것이다. 그런데 이것이 말처럼 쉽게 되지 않는다. 내 안에는 또 다른 나가 있어 하나인 듯 서로 다른 개체적 존재로 나누어져 있다. 프로이트는 의식, 전의식, 무의식으로 나누었고, 유식학에서는 인간의 내면을 5식, 6식, 7식, 8식으로 나누고 다시 8식은 상분, 견분, 자증분, 증자증분으로 나누어 심사분설을 주장하고 있다.

　이 정도를 인지하게 되면 가장 중요한 문제가 대두된다.
　내가 나를 아는 것!
　나를 이해하는 것이 타인을 이해할 수 있는 바른 길이고 나를 진정 사랑하는 것이야말로 남을 진정 사랑할 수 있는 길이기도 하다.

　나를 이해하려면 전의식, 무의식에 저장되어 있는 또 다른 나를 찾아 이해, 용서, 사랑, 축복해 주어야 한다. 우리는 의외로 자신을 부정하고 혐오하는 마음을 숨기고 살고 있다. 특히 남들에게 알리고 싶지 않은 부끄러운 감정을 자신의 평소 의식에 나타나지 않도록 하여 자기가 한 행위를 천연덕스럽게 부정하는 사례도 있다.

하지만 부정적 감정이 쌓이고 쌓여 최소 7년이 지나면 저절로 평소 의식계로 올라올 수가 있다. 그때 평소와 다른 인격체가 된다. 남을 증오하고 혐오하는 반복적 행위나 자신을 부정하는 반복적 행위 역시 때가 되면 저절로 자신의 몸에 나타나 정신 질환이나 이중인격 또는 몸의 질환으로 나타나기도 한다.

현대인들에게 가장 흔한 질병인 불면증은 감정의 집합체인 편도체 활성화를 가져온다. 항상 긴장해 있으니 교감 신경이 활성화되고 각 장기들이 각성해 있다. 평소 일상생활에서 큰 스트레스를 받게 되어 평범한 일에도 화를 내기도 하고 불안증, 공격적 언행을 보이게 된다. 타인들로부터 오해를 받고 무례한 사람으로 인식되어 사회생활에서 큰 손해를 입기도 한다.

우리들의 뇌는 긍정적이든 부정적이든 신경 가소성을 가지고 있다. 긍정적인 생각을 많이 하면 긍정적으로 뇌신경이 발달하고 부정적인 생각을 하면 부정적으로 뇌신경이 발달된다. 특정 분야의 사유를 반복하다 보면 그 방향으로 뇌신경의 발달이 가속화된다. 결과적으로 훌륭한 업적을 쌓은 과학자, 예술가, 성직자가 되기도 하지만 자칫 옳지 않은 교리에 빠져 광신도, 맹신도가 될 수도 있다.

감정이 사유에 큰 영향을 끼치므로 바른 판단을 할 수 없는 경우가 허다하니 이번 기회를 통해 감정을 담당하는 편도체를 안정화시키고 사고력과 판단력을 키우는 전전두엽을 활성화시키는 비법을 공개한다.

이 두 가지 활동을 동시에 하는 행위가 있으니 바로 명상이다.

명상은 활성화된 편도체를 안정화시키는 작용을 할 뿐더러 전전두엽을 활성화시키는 작용을 동시에 한다. 북미와 유럽 기업의 CEO들이 명상을 한 지는 벌써 오래되었다. 그들은 인공 지능의 데이터 분석을 바탕으로 자신의 통찰력, 직관력을 통해 기업 활동의 최종적 판단을 내린다. 불교 명상은 현실 세계에서 자리 잡고 있는 반면 불교라는 종교는 다른 종교들과 마찬가지 젊은이들 사이에서 멀어지고 있다. 유럽의 종교는 축구요 미국의 종교는 야구, 미식축구이다. 이들 스포츠가 사람들에게 카타르시스 즉 현실 생활에서 오는 긴장감을 정화시키는 역할을 한다. 예전에 종교가 한 역할을 스포츠가 하고 있는 것이다.

반면 명상은 중요한 판단을 내리는 직책이나 역할을 하는 이들 사이에서 각광을 받고 있다. 명상은 AI의 분석력이 내릴 수 없는 직관력, 통찰력을 주기 때문이다.

미래 세계는 결국 명상인과 비명상인으로 나눌 수 있고, AI의 통제를 받는 이와 AI를 통제하는 이로 나누어질 것이다.

명상의 기본적 자세는 허리뼈 즉 척추와 경추가 일직선이 되는 것이다.

이는 척추신경과 뇌신경을 연결하기 가장 좋은 자세로 뇌가소성이 긍정적으로 활성화되는 자세이다. 이렇게 되면 승모근 역시 피로도를 느끼지 않아 어깨가 가벼워진다. 그래서 어깨가 굳어지고 승모근이 뭉친 사람은 명상의 자세가 틀렸다고 보면 된다.

흔히 명상이라 하면 정적인 활동이라 생각하기 쉽다. 실제로 효과적 명상은 몸을 움직이면서 하는 명상이다. 감정이 복받쳐 오를 때 소뇌를 활성화하는 몸동작은 감정을 안정화시키고 대뇌피질에 자극을 주어 바른 판단을 할 수 있도록 도와준다.

가장 기본적 명상법인 수식관의 몸동작과 더불어 마음적 물음을 반복하는 간화선은 두 동작의 균형이 잡혔을 때 효과가 있다. 다음으로 추천하고 싶은 것은 걷기 명상이다. 가능한 자세는 척추와 경추를 바르게 한 다음 걷기 동작을 하면서 한 가지 생각 또는 경전의 한 구절, 진언, 경전 듣기 등등을 하는 것이다.

명상 수행은 하루 중 기상 후, 취침 전으로 2—30분 하는 것을 추천한다. 아침 명상은 하루 전체를 행복하게 생활할 수 있는 긍정적 에너지를 충전하는 시간이다. 잠자리 명상은 낮 시간 동안 쌓여진 부정적 인식을 씻을 수 있는 가장 좋은 기회이다. 보통 일과 중 겪은 부정적 인식은 잠자는 동안 시냅스화가 되어 나의 뇌에 정형화가 되어 버린다. 그래서 행복한 자는 계속 행복해지고 불행한 자는 계속 불행해진다.
잠들기 전에 긍정적 마인드, 행복감으로 가득 찬 마인드로 잠드는 것을 추천한다.

정 힘들면 경전 독송을 하거나 녹화된 기도, 법문 또는 인문학 책을 읽어 주는 동영상을 들으면서 잠들기를 추천한다.

낮 시간 동안에 타인들과의 접촉이 없으면 계속 긍정적 언어를 마음속으로 되뇌이는 것을 권한다. 감사합니다, 덕분입니다, 사랑합니다, 등등 자기만의 긍정적 힘을 낼 수 있는 단어와 문장을 선택해 하루 천 번 이상 반복한다 생각하고 혼자만의 시간이 날 때 반복하기를 권한다.

실전 견성 체험

 대개 법공法空을 먼저 본다. 화두 수행을 하던 사마타 수행을 하던 자성自性을 넘어서지 못한 이들은 나를 제외한 이 세상의 본질이 공空함을 먼저 본다.

 '본다.' 함은 눈으로 보는 것이 아니라 식識의 자각이다. 즉 6식識의 자각이다. 깨달음의 1차적 주체는 6식이다. 하늘이 무너지고 땅이 무너지고 세상 모든 것이 무너진다. 세상은 인연의 가합일 뿐 본체는 하나도 없음을 자각하는 것이 법공이다.

 아공我空에 대해서 초심자들은 자기가 자기에게 속을 수 있다. 보는 자가 있으면 보는 아상我相이 있음을 인정해야 하는데 이 부분을 그냥 넘어가게 되면 아공의 법상을 가진 마구니가 될 수도 있다. 많은 초심자들이 이 부분을 넘어서지 못해 아상, 인상, 중생상, 수자상을 다시 가지게 된다. 가지고도 가졌다고 자각하지 못하는 심한 부처병, 하느님병, 선지자, 예언자 등등 중생을 오도하는 무간지옥을 만들며 살아갈 수도 있다.

아공을 바르게 증득하려면 한 가지 숙고해야 할 것이 있다.

예를 들어 '눈이 눈을 보려면 어떻게 할까?' 또는 '마음이 마음의 본체를 알려면 어떤 상태가 되어야 할까?' 이런 문제를 한번 사유해 보아야 한다.

눈이 눈을 보는 방법은 무엇일까?

지금 보는 눈을 다시 보는 것이 마치 진실한 견성과도 같은데, 대개 보는 즉시 깨달았다고 스스로 속는다.

이 부분에 대해 깊은 공부를 한 수행자들은 번뇌를 끊는 누진통을 제외한 5신통에 대한 바람을 끊는다. 천안통, 천이통, 숙명통. 신족통, 타심통 같은 것에 연연하면 절대 바른 깨달음에 들 수 없다.(실전 체험자가 겪은 오랜 시간의 병폐는 굳이 따로 전할 필요는 없다고 본다.)

'마음에서 마음을 만들지 않은 상태.'

진실로 이 경지에 들어야 한다. 볼 것이 없는데 보려는 마음이 있으면 잘못된 수행의 길로 간 것이다. 최종 궁극지는 무분별지이다. 내가 분별할 것이 없을 때 진실로 하나 된 것이다.

붓다께서 능엄경에서 밝힌 6신통을 부정하는 가르침을 그 당시 제자들에게 밝힌 자료가 있다. 보통 선방에 드는 수자들이 능엄경에 의지하는데 이 부분으로 말미암아 선방 수자들의 병통이 이어지고 있다.

문수와 보현이 석가모니의 깨달음의 상징이다. 지혜와 평등이 무분별지의 특징이다.

볼 것이 없고 알 것이 없고 깨달을 것도 없다. 모두가 하나이고 그 하나는 나기[生]전의 마음이니 마음에서 마음을 만들지 않은 적멸의 상태이다. 이 부분에서 누가 제1의제를 묻는다면 아마 '나는 모르오.'라고 답해야 할 것이다.

지금 이 순간에도 수많은 언설로 수행자들에게 방편을 쓰시는 법사들께서는 임종 전에 성철 스님처럼 말하리라. 살아생전에 속인 남녀의 무리수가 수미산을 넘는다고.

마음의 진실은 현재에 있다
(반야공신般若空身 수행법)

살아 있는 모든 이의 미래는 죽은 사람이다. 시간의 차이만 있을 뿐 우리 모두는 죽음을 당연히 맞이하도록 설계되어 있는 컴퓨터 게임과도 같다. 죽음 역시 해가 뜨고 지고, 달이 뜨고 지는 것처럼 자연의 일상사요 우주의 일상사이다. 그런데 왜 나의 죽음만이 이토록 두려움에 젖게 만드는가? 심리학에서 지적하는 것처럼 죽음에 관한 공포를 극복하는 것이야말로 다양한 심리적 고통에서 벗어나는 근본적 해결책이 될 수 있다.

사실은 이 우주에서 죽음이란 없다.

죽음이 착각이요 전도몽상임을 알면 정말 허무할 수도 있다. 죽음을 빌미로 여러 유사 종교 사업을 비롯해 건강, 취미, 운동, 심리 상담 등 다양한 업종들이 성황 중인데 인간 의식이 죽음을 넘어설 수만 있다면 현 인간 사회의 많은 문제점들이 자동적으로 해결될 것 같다.

우리의 진실은 태어난 적이 없다는 것이다. 태어난 적이 없는 존재가 어찌 죽음이 있을 수가 있을까? 이런 이야기를 하면 바람 잡고 구름 타는 소리라고 탓하는 이들이 있어 말을 꺼내기가 쉽지 않다.

'나'라는 의식 자체가 '나 아닌 것'으로 이루어져 있는데 어찌 '나'가 있을 수 있겠는가?

다만 '나'라고 착각하고 있는 의식을 집착하는 마음만 존재할 뿐이다. 그 마음 역시 여몽환포영如夢幻泡影이건만 우리들에게는 바윗덩어리보다도 더 단단한 현실감으로 다가온다.

여기까지의 서술한 내용은 스스로들 이해하고 스스로들 인정해야 한다. 남이 강요할 수 없는 지극히 개인적 종교적 믿음 또는 인생의 가치관에 대한 문제이기 때문이다.

나는 다만 지금 현재의 '나'라는 의식이 텅 비어 있는 공空한 존재임을, 진실된 자기의식을 체험할 수 있는 명상법을 소개하고자 한다.(반야공신般若空身 수행법)

① '내가 난데'라는 '나'의 구성은 전부 과거와 미래이다. 과거지사와 미래 발생적 희망적 일로 점철되어 있고 현재에는 절대 존재할 수 없는 것이 '나'이다.

② 현재 내가 겪고 있는 고통이 있다면 그 원인은 과거에서 출발한 것이다. 부정적 생각, 말, 행동의 반복이 의식이 되고 만법유식의 법칙에 의

해 내 앞에 구현되어 있는 것이다. 이것은 반드시 인정해야 할 진실이다. 이 진실을 외면하면 현재 상황의 변화는 절대 이루어지지 않는다.

③ 나의 마음을 과거 또는 미래에 두지 않고 오로지 현재에 두는 명상법은 아래와 같다.

ⓐ 내 육체적 생명의 근원은 숨쉬기이다. 숨 쉼이 그쳐지면 내 육신은 더 이상 나의 것이 아니다. 아마 여타 중생들의 먹이가 되던지, 땅의 거름이 되거나, 먼지가 되어 허공 속으로 흩어질 것이다. 숨 쉼은 가장 진실한 생명 활동이다. 숨 쉼만은 절대 나 자신에게도 속일수가 없다.

ⓑ 내 마음을, 내 의식 집중을 오로지 숨 쉼에만 하는 방법이다. 들숨하면서 '들숨~' 한다. 그리고 들숨임을 집중 자각한다. 들숨이 끝나면 끝나는 순간조차 집중해서 그 순간을 자각하려 노력한다. 날숨 시에는 '날숨~' 하면서 들숨 때보다는 더 길게 하려 노력한다. '날숨~' 끝에 '공空~'도 넣을 수 있도록 미세하고 길게 날숨에 집중한다. 마찬가지 날숨의 끝 역시 집중한다.

ⓒ 이 수행법이 간단하지만 아주 어려운 수행법이다. 마음이 계속 왔다 갔다 하면서 집중하지 못하도록 자신을 방해한다. 결국 과거의 자기 업식이 현재 의식으로 넘어가지 못하도록 방해한다. 흔히 그런 현상을 보고 '업장이다.', '업신의 보복이다.'라고 표현한다. 자기를 방해하는 이 역시 결국 자기 자신이다. 과거의 내가 현재의 나를 바꾸지 못하도록 방해

하는 것이다.

⒟ 들숨~ 날숨의 시간을 30초 정도로 잡으며 108회를 하면 약 1시간 정도 소요된다. 1시간을 텅 빈 공空적 의식 상태를 유지하는 수행법이다. 도중에 잡념이 일어나면 '관세음보살 돌려드립니다.' 하여 자기의식에서 해탈시켜야 한다. 잡념의 횟수가 많으면 1시간을 넘기는 것이 다반사이 니 잡념이 일어나지 않도록 공空적 상태를 유지하도록 집중해야 한다. 마 지막으로 주의해야 할 것은 이 수행을 하면서 좋다/ 나쁘다 등 상황에 대 한 판단을 하지 않는 것이다.

⒠ 49일을 매일 1시간씩 수행을 한다면 자기 인생에서 자기를 가장 힘 들게 하는 업장이 자연 소멸된다. 만해 한용운 스님께서 생활 속의 불 교 수행법을 주창하셨다. 심지어 승니가첩僧尼家牒이라 하여 비구, 비구 니 스님들도 가정을 가지고 일상 속에서 수행해야 한다고 주장하셨다. 그러니 산속으로 들어가서 이런 수행을 해야 한다는 착각은 이 순간부 터 버리고 생활 속에서 본인이 노력하여 시간을 내고 수행하기를 추천한 다.(본 납승은 출가하기 전 그러니까 30여 년 전에 밤10시—새벽2시까지 3년간의 경전 독서와 명상 수행을 통해 한평생 공부할 수 있는 기초를 다 질 수가 있었다.

명상은 자기와 자기 내면의 소통이다

『요가경』에서는 명상의 궁극지는 '마음의 소멸'이라고 기술하고 있다.

그런데 일반인들에게 마음은 보이지도 만져지지도 않지만 있다고 믿기 시작하면 존재하기 시작하는 비물질적 실체이다. 허공으로 꼬아 놓았지만 강력하기는 쇠줄처럼 강력하다. 이것이 자기 내면성과 주체성의 바탕이 된다.

명상은 우리를 편안하게 하고 행복하게 한다. 그것은 비물질적 실체로 인식하는 마음을 해체하는 과정에서 자아성의 확대를 가져오기 때문이다. 확대된 자아성에는 타인과 세상에 대한 이해 즉 지혜가 담기고 타인과 만물을 자기와 일체화하는 데서 오는 무한한 사랑이 내포되어 있다.

자기 확대를 위해 먼저 자기 내면 속에 묶여 있는 정체성을 풀어야 한다.

그러기 위해서는 ①자기를 알아야 하고 ②자기 속에 담겨 있는 타인들에 대한 인식을 전환해야 한다. 그리고 마지막으로 ③이웃을 내 몸처럼 사랑해야 할 동기를 발견해야 한다.

자기 확대를 위해 요구되는 첫 번째 덕목은 외부에 대한 분별을 잠재우고 내면으로 향하는 서치라이트를 켜는 것이다. 외부에 대한 분별을 잠재우라는 뜻은 명상을 하는 순간만큼이라도 자기 무의식 속에 저장되어 있는 사고思考와 분별의 기준을 발동시키지 않기 위함이다. 자기 무의식은 마치 거대한 바다와 같다. 수행자가 외부 상황에 대해 계속 분별을 하면 내면의 바다에서는 파도가 계속 일게 되고 자기 성품의 바탕인 본성은 영원히 볼 수 없게 된다. 그래서 분별행을 거치는 과정을 그칠 지止라 하고 마음 짓을 그친 경지가 지속되면 잔잔한 바다 위에 천상천하의 모든 것이 비추어지는 관觀의 경지에 도달한다.

『요가경』에서 '마음의 소멸'이라고 기술한 것의 진짜 의미는 마음으로 분별하는 행위를 멈추라는 뜻이다. 실상 우리들의 마음이 일어나는 바탕은 결코 없어지지도 않고 또 생겨나지도 않는 불생불멸의 성질을 가지고 있다. 우리가 반응하고 쓰니까 생하게 되고 잠시 머물다 다른 마음으로 변하고 종국에는 처음 마음은 사라져 버리고 만다. 이것을 우리들이 '내 마음'이라 부르는 것이다.

명상이 자기와 자기 내면의 소통이라 말한 뜻은 이와 같다.
이곳에서 자기란 현재 의식이고 자기 내면은 전의식과 무의식이다.(프로이트의 강설)
전의식은 마치 저수지와 같고 무의식은 거대한 호수 또는 바다를 연상하면 된다.

무의식은 전의식을 지배하고 전의식은 현재 의식을 지배한다. 그러니 지금 나의 현재의식은 과거의 자기 판단과 분별, 감정의 호불호에 의해 현재 상황을 보고 판단하고 있는 것이다. '죄는 미워하되 사람은 미워하지 마라.'는 말이 허구 같지만 실제로 깊이 분석하면 이해가 될 수 있다. 엄밀히 보면 현재 본인의 의식을 다른 가치관으로 전환하는 순간 과거 의식은 아무런 의미가 없으니 과거의 행위인 죄와 현재 의식은 분리된다.

현재 나의 의식을 바꾸는 것은 자기 운명을 바꿀 뿐더러 세계를 바꿀 수 있는 길이기도 하다. 나의 의식을 바꾼다는 것은 선택이다. 이것을 불가에서는 초발심이라 부른다. 이 초발심이 변해서 정각을 이룬다고 법성게에서 기술하고 있다.

나의 무의식에 저장되어 있는 것 중에 가장 큰 것이 아상, 인상, 중생상, 수자상이다.(『금강경』) '내가 나란 견해', '상대는 영원히 상대라는 견해', '좋은 것은 영원히 좋고 나쁜 것은 영원히 나쁜 것이라는 견해', '목숨과 생명에 대한 주체성과 집착'이 우리들 무의식 속에 저장되어 있다.

예수님께서 "천국은 우리들의 마음속에 있고 허공에 바람이 일어 흐르다 멈춘 곳에 있고 그곳에는 남자·여자라는 성별이 없다." 말씀하셨다고 성경에 기술되어 있다.

선가仙家의 수행에서 궁극지에 들기 위해서는 남성 수행자는 백호를 끊고 여성 수행자는 적룡을 끊어야 한다고 주장한다.

불가에서는 수행의 결과 나타나는 32상 중에 마음장상馬陰藏相이 있다. 남성의 생식기가 남성적 성질을 포기하였기에 퇴화되어 말의 음부처럼 몸속으로 들어가 있게 되는 현상이다.

본 수행자도 수행이 깊어짐에 따라 남성 호르몬이 분비되지 않아 건강상의 문제가 발생하기도 했다. 참고로 초선에 들기 위해서는 반드시 겪어야 할 관문이 자기 내면에서의 남성, 여성상을 넘어서는 것이다. 이 수행 과정에서는 반드시 먼저 경험한 선행자의 도움이 필요하다. 잘못하면 건강상의 문제가 발생한다.

제법무아諸法無我에 대하여

   제법무아諸法無我란 '나'를 포함하여 현상과 비현상을 포함한 모든 존재가 다 특별히 '나'라고 할 독립성이 없다는 것을 말함이다. 이 메시지는 사문 고타마 싯다르타가 깨달음을 얻고 설법한 첫 법문의 주요한 내용인 사성제四聖諦 중에 한 법인法印이다. 법인이라 함은 마치 도장을 찍으면 원본과 똑같은 내용이 나오듯 틀림없는 진리라는 뜻이다.

   우주의 모든 만물이 모두 다 다양한 원자들의 모임으로 인해 생겨났고, 이를 인연의 조합, 가합이라고 말한다. 조건이 맞아 현상계에 나타나고 조건이 다하면 흩어지는 것이 만상의 본질이다. 이름하여 성주괴공이요 생주이멸이다. 원자의 생성 역시 수소라는 태초의 원소로 말미암아 헬륨이 생성되었고 그 뒤 다양한 원소들이 생성, 가합으로 인해 또 새로운 원소들이 탄생되었다. 시작은 수소라는 원소 하나로 말미암아 시작된 것이다. 이를 두고 무극에서 태극이 나오고 태극에서 황극이 나왔다라고 표현한다.

'나'라는 개체가 독립된 '나'가 될 수 있는지 숙고해 보자.

'나'라는 구성을 단순히 정신과 육신으로 나누었을 때 우선 육신적인 면으로 나의 독립성을 유추해 보자.

나의 육신은 부모로부터 유전자를 물려받아 세포 분열을 통해 '나'라는 개체성이 이루어졌다. 결국 '나'의 근본 재료는 타인인 부모로부터 온 것이다. 그 후 성장하고 분열하는 세포의 에너지는 거의 외부로부터 조달된 것들로 이루어져 있다.

결국 '나'라는 육신은 100% 나 아닌 남의 것으로 이루어져 있음을 인정하지 않을 수 없다.

그다음 정신적인 부분을 마음이라 칭하고 내 마음의 구성을 추적해 보자.

요즘은 태아에게도 주체성이 있다고 주장하는 학자들이 많다. 하지만 그 주체성이 과연 독립된 주체성일까? 아기를 밴 산모의 심적 요인과 산모의 환경에 의해 태아의 성격이 결정되니 태아의 주체성 역시 태아 고유의 것은 없다고 볼 수 있다.

고전적 방식으로 '내 마음'의 구성을 유추해 보자.

태아가 세상에 처음 나왔을 때 아기의 독립된 마음은 있을까?

마음은 외부 환경에 대해 반응하는 감각 기관의 정보와 그 정보를 재해석하는 사유와 판단 작용의 결과로 구성된다.

처음 태어난 아기의 과거 감각 기관에 대한 정보와 해석은 거의 전무하다.

우리 조상님들은 아기가 태어나면 21일간의 금계 기간이 있었다. 금줄을 치고 외부인들의 출입을 막았다. 가까운 친인척들만 아기를 볼 수 있었지 외부인들은 볼 수가 없었다.

21일이란 시일은 마음이 형성되는 최소한의 기간이다.(불가 또는 선가의 기도 중 최소 기일의 기도가 21일 회향 기도이다.) 가장 근본이 되는 마음이 담길 그릇이 형성되는 시기가 태어난 후 21일 동안이다. 이 기간 중 아기는 할아버지, 할머니, 어머니, 아버지, 형제, 친척, 친지들의 조우로 그 집안 고유의 종자種子가 된다. 이리하여 김씨는 김씨의 씨앗을 담고, 박씨는 박씨의 씨앗을 담는다.

마음 그릇이 형성된 이후 아기의 마음은 외부로부터 들어오는 자극과 자극의 호불호를 마음 그릇에 담기 시작한다. 마음 그릇에 담기는 마음의 구성체 역시 다 외부로 들어온 것들이다. 좋은 것을 경험하면 좋은 것으로 나쁜 것을 경험하면 나쁜 것으로 담긴다. 이 선악의 기준 역시 집안 가풍과 구성원들의 기질에 의해 결정된다.

옛 조상들이 집안을 보고 집안끼리 혼사를 결정한 것도 어떻게 보면 과학적인 선택이기도 하다. 아기가 성장해 가면서 아기의 정신은 전부 외부의 환경과 타인에 의해서 형성된다. 성장해서 주체성을 가졌다 해도 그 주체성은 100% 외부에서 유입된 것으로 결정되었으니 순수 독립적인 '나'는 없다고 결론 내릴 수 있다.

흔히 마음 편한 것이 최고라는 이야기들을 하곤 한다.

하지만 그 마음이라는 것이 결국 부모와 조부모, 형제, 친척, 친지들의 만남이 가장 기초적 그릇이 되었고 후에 인연 되었던 모든 외부인들에 의해 형성된 것이다. 내 마음이 편해지려면 결국 부모와 조부모, 형제, 친척, 친지들의 마음을 편하게 해 주는 것이 가장 근본적인 길이다. 현재적 입장에서 보면 지금 나의 주변에서 나의 마음을 구성하는 이웃들의 마음이 편해지는 것이 나의 마음이 편해지는 길인 것이다. (이웃을 네 몸처럼 사랑하라는 성인의 말씀은 과학적인 행복추구법인 것이다.)

결론은 지금 '나'라는 나의 정신과 몸은 100% 다 타인으로부터 구성된 것이다. 금을 녹여 금반지, 금목걸이, 금숟가락, 금뚜껑비를 만들었다 한들 이 구성품들의 본질은 다 하나이다. 바로 금이다. 이와 같이 지금 '나'라는 구성품 역시 철저한 '타인'으로 구성 된 것이니 특별한 '나', 독립된 '나'는 없다. 이것이 고타마 싯다르타가 깨우친 삼법인 중 하나인 제법무아이다.

좀 더 깊은 공부! 마음 안의 마음에 대하여

사람의 마음 안에는 제1심으로 육체심肉體心이 있다. 육신으로 뭉쳐진 마음이 있으니 세포 하나하나에 다 마음이 들어 있다. 남이 나의 몸을 타격한다든지 머리를 치면 육체적 고통뿐만 아니라 심적인 불쾌감, 두려움 등이 바로 일어난다. 육신을 구성하는 세포의 모든 부위에 마음이 내재되어 있다.

제2심으로 외부 지향심이 있다. 유식학의 5식, 6식, 7식, 8식은 모두 외부에서 들어온 정보와 정보의 유추, 판단, 재해석으로 이루어져 있다. 프로이트의 의식, 전의식, 무의식 역시 외부 지향적 행위의 구성체로 이루어져 있다. 여기에서 우리가 간과하고 있는 것은 이 정보를 수용, 해석, 판단하는 주체인 '나'에 대해서는 한 번도 돌아보지 않는다는 점이다. 오직 외부의 것에만 집중할 뿐 정작 보고, 듣고, 해석하고 판단하는 주체에 대해서는 한 번도 의문을 가지지 않았다는 점이다. 이 점을 파고 든 것이 간화선 명상이다.(이 뭐꼬?)

제3심은 저장식 또는 무의식의 바다 마음이다.

굳이 바다라는 표현을 한 것은 바다같이 광대한 저장 의식이 있기 때문이다.

우리의 3심은 무조건 저장하려는 본능이 있다. 우리 모두에게는 지구상의 바다보다 더 많은 양의 과거 정보를 저장하고 있다.

1, 2, 3심은 모두 마음의 상으로 형성되어 있다. 그래서 이를 일러 심상心相이라고 칭한다. 1, 2, 3심을 있게 하는 근본심이자 바탕심을 제4심이라 본 저자는 칭한다.

이 마음을 여여심如如心, 견실심堅實心, 공심空心이라 칭해도 무방하다. 또 앞서 말한 심상에 대비하여 심성心性이라 표현하기도 하니, 마음을 두 부분으로 나눈다면 상과 성이라 할 수 있다. 이 심성을 유가에서는 본성이라 칭하고 불가에서는 불성이라 칭한다. 유일신교에서는 신성神性이 우리들 안에 내재되어 있음을 말할 때 표현하기도 한다. 이 4심은 마음이 마음의 상을 일으키기 전의 마음 아닌 마음을 두고 말함이다. 있음도 아니고 없음도 아닌 말로서 혹은 글로서는 표현할 수 없다 하여 불립문자, 불가설, 불가설전이라고 한다.

우리가 명상 공부를 해서 도달할 수 있는 궁극지는 1, 2, 3심을 거쳐 4심에까지 도달하는 것이다. 무한한 공간성과 영원한 시간성은 인간의 선험적 바탕이라고 칸트가 주장했다. 바로 우리의 4심을 두고 한 말이 아닌가 사료된다.

3부

한순간이 영원이요 영원이 한순간이다

1. 죽음 후 만난 또 다른 '나'

1990년 7월의 어느 날, 조카들의 여름 방학이 시작되고 며칠이 지난 뒤였다. 조카 둘과 세 살 난 딸아이, 형수, 어머니 그리고 나를 포함한 6명이 승용차를 타고 가야산 계곡으로 나들이를 가게 되었다. 일행들이 계곡에서 노는 걸 지켜보다 풍경이 좋아 혼자 절벽 쪽으로 걸어가게 되었다. 절벽 쪽을 거닐며 풍경을 감상하다 내 눈에는 분명히 길이라고 생각하고 딛었는데 딛고 보니 허방이었다. 모르는 사람이 봤다면 절벽으로 몸을 던진 것처럼 보였을 것이다. 허공 길에 올라간 순간 내 몸은 절벽 아래로 곤두박질치기 시작했고 절벽 아래 머리가 깨진 모습을 보고 있는 어떤 존재의 목소리가 들렸다. '저놈 이제 죽었네.' 그 소리와 함께 육신에 대한 집착이 사라지며 새로운 경험의 세계가 펼쳐졌다.

당시 경험한 것을 순서대로 적어 보면 아래와 같다.

① 처음 육신과 영혼이 분리된 순간 '나'라고 느끼는 어떠한 실체가 허

공에 떠 있었는데, 마치 허공 전체가 나인 양 창공 높은 곳과 지상의 수평선 너머의 허공까지 자각이 되었다. 심지어 허공 속에 사는 존재들까지 다 느낄 수가 있었다. 하늘 높은 곳에서는 미세한 생물들이 바람을 따라 흘러가고 있었고, 지상에서 살아가고 있는 사람들의 소리가 한꺼번에 다 들리는 듯했다.

② 학창 시절 시험 기간임에도 불구하고 도서관에서 시험공부는 하지 않고 천문학, 물리학 등 존재의 기원에 관한 책을 읽곤 했다. 그 당시 가장 궁금해하였던 우주 창조의 과정이 한순간에 다 펼쳐졌다.

③ 우주가 생겨나는 쇼가 끝난 후, 당시 30년간 살아온 내 인생의 장면들이 보였다. 첫 장면은 어린 내가 검정 고무신 뒤축을 자르고 있는 모습이었다. 나는 고무신 뒤축을 자르는 것이 잘못된 것인 줄 알고 있었지만 새로 나온 노란 고무신을 신기 위해 멀쩡한 고무신의 뒤축을 칼로 자르고 있었다. 이어서 어머니에게 노란 고무신을 사 달라 조르는 내 모습과 나를 신발 가게로 데려가 노란 고무신을 사 주시는 어머니의 모습이 차례로 보였다.

④ 어머니가 상자 째로 사 놓으신 활명수를 몰래 하나씩 빼먹는 어린 나의 모습이 지나갔다.

⑤ 선생님이 내주신 숫자가 쓰인 깃발을 만드는 숙제를 잘못 이해하여, 태극기 10개를 만들어 달라고 생떼를 부리는 어린 나의 모습이 보였다.

⑥ 초등학교 시절, 친구 꾐에 빠져 싸우고 싶은 마음이 전혀 없는 친구와 씨름판에서 싸우는 장면이 보였다. 누가 더 싸움을 잘하는지 서열을 매기는 친구의 말에 화가 나서 아무 잘못도 없는 친구를 씨름판으로 불러 두들겨 팼다. 내가 주먹으로 친구를 때리는 순간, 친구의 두려운 마음과 맞았을 때의 고통이 고스란히 나에게 전달되었다.

⑦ 돈 빌려 간 이에게 돈을 갚아 달라 이야기했음에도 갚지 않았을 때, 마음속으로 욕하고 저주한 모습이 지나갔다.

⑧ 30년 인생의 장면들이 마치 다시 삶을 사는 것처럼 생생하게 보이고 희로애락 또한 느껴졌다. 삶의 회고가 끝난 후, 수천 개의 태양보다 더 밝은 빛의 존재가 나타났다. 그 빛 아래로 다양한 빛의 세계가 펼쳐져 있었다. 좀 덜 밝은 빛에서 어두운 쪽으로 펼쳐져 있었다. 중간 아래는 사람의 세계가 아닌 듯하였다. 가장 높은 빛의 세계가 가장 좋은 것인 줄은 자연스럽게 알았지만, 그 세계는 감히 쳐다보지도 못하였다. 그 빛을 보는 것이 너무나도 부끄러웠다. 내가 나에게 부끄러운 것이 얼마나 큰 작용을 하는지 죽고 나서 알았다. 결국, 내가 선택한 세계는 중간 아래의 회색빛이 도는 세계였다. 그 세계로 향하는 터널로 빨려 들어가면서 이 터널 끝은 사람이 아니란 것을 나도 모르게 알았다. 억울한 마음에 빛을 향해 소리쳤다. '왜 내가 이리로 가야 합니까?' 빛의 존재가 '진리에 대한 무지 때문이니라!' 말씀하시면서 나의 영혼에 빛줄기로 새겨 주었다. 절대 잊지 말라 하면서. 그때 빛의 존재에게 외쳤다. '내가 다시 죽어 당신 앞에 설 때는 결코 부끄러운 영혼은 되지 않을 것입니다.'

⑨ 터널 끝으로 다가가는데, 갑자기 세 살 난 딸아이의 마음이 나를 움직였다. 아버지의 잘못을 대신 빌고 용서를 구하는 마음이 나를 다시 아이 앞으로 오게 했다. 아이가 아버지를 사랑하는 마음이 제일 큼을 느꼈고, 그다음 조카들이 삼촌을 걱정하는 마음이 고스란히 느껴졌다. 내가 이대로 죽게 되면 딸아이는 어떻게 되는가 하고 생각하는 순간 딸아이의 미래가 불행해지는 장면이 나타났다.

⑩ 다시 살아나야겠다고 마음먹은 순간, 영혼이 절벽 아래로 떨어지고 있는 내 육신 속으로 들어왔다. 바윗돌 바닥에 머리가 닿기 바로 직전의 순간이었는데, 내 양팔로 절벽의 울퉁불퉁한 면을 쓸면서 떨어졌다. 머리가 바윗돌 바닥에 닿고 난 뒤 몸이 다시 붕 떠서 가부좌 자세로 바위 사이에 착지하였다.

⑪ 머리에서 흘러 내려오는 피가 뜨거웠던 것이 기억나고 아내가 달려와 수건으로 머리를 감싸 주던 기억이 난다. 머리가 깨어져 피가 나왔지만 고통은 하나도 느껴지지 않았다.

⑫ 그다음 날 무엇엔가 이끌리듯 대구 반월당 사거리에 있는 삼영 불교 서점으로 가게 되었다. 『화엄경』, 『금강경』, 『법화경』 등 불교 서적과 칼 사강의 『코스모스』, 스티븐 호킹 박사의 『블랙홀』, 양자 역학에 관한 책을 샀다. 그 이후로 하루 4시간씩 3년 동안 독서와 명상을 하게 되었다.

1-① 처음 육신과 영혼이 분리된 순간

　'나'라는 의식체가 육체가 아닌 허공체임을 자각하였다. 영혼과 육체가 분리된 순간, 영혼은 육체에 대한 그 어떤 미련도 없었다. 뒤에 다시 육체 속으로 들어왔을 때 육체에 미안할 정도였다. 떠날 때는 두 번 다시 오지 않을 것처럼 냉정하게 떠났었다.

　몸속에 있을 때 나의 허공 즉 마음 또는 영혼이라 불리는 존재는 몸만 '나'라고 자각하였다. 하지만 몸과 영혼이 분리된 순간 알게 된 것은 몸은 그냥 쓰고 버리는 존재임을 알았다. 중요한 것은 마음이요. 영혼이다. 우리가 몸을 바꿔 가면서(환생하면서) 존재하는 이유는 영혼의 고양高揚 때문이다. 영혼이 더욱 성숙되고 영혼의 세계가 확장됨이 영혼의 고양高揚이다.

　개는 개를 낳고 소는 소를 낳는다. 사람은 사람을 낳고 우주 즉 하늘은 무엇을 낳으려고 할까? 또 다른 우주, 하늘을 낳으려고 하는 것이 우주, 하늘의 속성이다. 하늘은 인간을 통해 하늘이 되고, 땅 또한 인간을 통해 땅이 된다. 즉 이 우주에서 바라보는 자, 관찰자가 있으므로 해서 물질계가 형성되는데, 인간이란 관찰자를 통해 천지인天地人으로 구성된 우주가 존재하게 된 것이다. 인간이 얼마나 성숙하느냐에 따라 이 존재계도 따라서 성숙하고 재창조되는 것이다.

1-② 평소 궁금하였던 우주의 창조 순간

인간의 영혼이 몸에만 집착할 때와 몸에서 벗어나게 될 때의 영성 능력의 차이는 9배가 난다. 정확한 비유는 아니지만, IQ 100인 사람이 죽게 되면 IQ 900이 된다고 생각하면 된다. 앎의 능력이 어마어마하게 달라진다. 앎의 경계 역시 과거, 현재, 미래를 넘나들 수 있다.

여기에서 중요한 점은 무엇인가를 아는 자와 전혀 모르는 자의 차이이다. 100% 이해하지 못한 사항이더라도 알고 있는 자와 모르고 있는 자의 사후에 가질 수 있는 능력의 차이는 비교할 수가 없다. 즉 살아생전에 조금이라도 안 자는 죽고 나면 100% 다 이해하고 다음 생으로 환생하지만 전혀 모르는 자는 결국 내생에서도 모른 채 태어난다. 안 자와 모르는 자의 차이는 내생에 판명이 난다. 안 자는 무지를 벗어나 슬기롭게 삶의 이유를 찾아가지만, 모른 자는 고통과 불행으로 점철된 인생을 전생과 똑같이 살게 된다. 그러니 죽는 순간까지 공부하는 것이 다음 생에도 좋고 현생의 가치도 높아진다. 현생의 인격이 죽어 신격이 되니 공부하고 실천하는 삶이야말로 인간으로 태어난 가장 합당한 삶이다. 실천하였을 때 인격이 됨을 반드시 명심해야 한다. 우리가 육체와 합쳐진 영혼인 이유는 앎+실천을 위한 것이다. 알기만 하게 되면 비물질적 현상계에 더욱 집착하게 되어 지금 이 순간의 귀중한 현재 시간과 공간을 놓치게 된다. 서방 극락정토보다 더 귀한 세계는 이 순간, 이 땅의 차방정토此方淨土이다.

인간의 영혼은 앎이다. 앎의 구성은 허공의 진동으로 이루어져 있다. 하나의 허공에 다양한 진동체가 존재하니 그 진동체들이 먼저 마음을 만들고 그 마음이 쌓여 물질계를 창조한다. 마치 바다에 파도가 생성되고 소멸하듯이 끝없이 반복되고 있는 것이 허공계이자 물질계이다. 허공은 바다이고 물질계는 파도라고 생각하면 이해가 쉽다.

눈앞의 허공을 포함해 지구의 대기권의 허공, 지구 밖의 허공, 태양계의 허공, 우리 은하계의 허공, 더 나아가 온 우주의 허공은 단 하나의 허공이다. 지금 이 허공은 138억 년 전 빅뱅 이후 계속되어 온 단 하나의 허공이다. 이 단 하나의 허공에 138억 년의 우주 역사가 다 내재되어 있다고 보면 된다.

만일 내 몸 안의 허공인 내 마음이 나란 집착을 놓고 몸 밖의 허공과 하나임을 인지하고 자각까지 한다면 몸 안의 허공 역시 138억 년의 역사를 가진 허공체임을 인정하게 될 것이다. 그러니 우주의 역사를 단번에 간파할 수 있는 것이다.

여기서 한 발자국만 더 나아가 보자.

이 우주 역시 성주괴공하成住壞空는 무상한 존재일 뿐이다. 처음 이루어지고 이루어짐이 머물다 머묾이 다하면 무너진다. 무너지고 난 다음 텅 빈 허공이 끝없이 계속되는 것이 우주의 운명이다. 이러한 우주를 낳기도 하고 있기도 하고 다시 텅 빈 존재로 만드는 그 바탕은 무엇일까?

분별하면 도달하지 못한다. 그냥 볼 뿐이고, 그냥 들을 뿐이면 도달할 수 있다.

마음의 행위가 멈추어진 그칠 지止의 경계가 바로 불립문자不立文字, 직지인심直指人心의 경계이다. 시시비비하는 마음 짓이 멈추어지면 그 자리에는 청정한 거울 같은 마음의 세계가 열린다. 알고자 하면 그 무엇이든지 다 비추어진다. 이름하여 관觀이다. 이 두 가지 수행을 합쳐 지관止觀 수행이라 천태天台에서는 오래전부터 명명하고 있었다.

공空을 불가에서는 반야지혜般若智慧로 표현한다. 일반인들이 이해하기 힘든 점은 이 지혜가 무분별지無分別智라는 것이다. 분별이 일상화된 현대인들에게는 말장난같이 들릴 수 있고 아예 이해하기를 포기하는 예도 있다. 하지만 공空과 하나 되기 위한 방법은 반드시 존재하고 있으니 한국 불교에서는 경經, 율律, 논論 등 문자로 이루어진 방편적 이해로 문자반야文字般若가 있고, 문자반야를 바탕으로 수행하여 얻는 경지를 관조반야觀照般若라고 한다. 시시비비가 아닌 마음에 비추어진 진리를 꿰뚫어 봄을 말하는 관조반야를 통해 도달하는 것이 실상반야實相般若이다. 이 실상반야를 범부에게는 감추어져 있으며, 중생과 부처 모두에게 존재하는 여래장如來藏이라 부른다.

1-③ 살아온 인생 돌아보기

한 장면 한 장면이 당시의 상황과 감정들이 생생하게 녹아 있었다. 단하나, 그때 상황들을 평가하는 기준이 달랐다. 내가 상대를 아프게 하여 생긴 고통이 오히려 나에게 생겼다. 상대의 두려움, 고통을 고스란히 내가 느꼈다.

상대를 마음속으로 미워하고 얕잡아 보며 심지어 해치고 싶어 한 마음속의 일들은 물질적 현상계에서 일어난 일보다 오히려 더 부끄럽고도 부끄러웠다. 더 양심에 가책이 되었다. 성경에서 말하고 있는 '마음속의 간음 또한 간음이다.'와 마찬가지로 마음속의 폭력 역시 폭력인 것이 사후 자기 인생을 평가할 때의 기준이었다. 결론적으로 상대가 곧 나였다. 이 세상은 오로지 '나'로만 구성되어 있었다. 산도 바다도 나무도 땅속에 꿈틀거리는 미물들부터 거대한 은하단까지 모든 것이 바로 '나'로 구성되어 있었다. 예를 들어 온 우주가 수박 한 덩어리라면 수박 안에는 수박이란 특성밖에 없다. 수박 안은 모두가 수박인 것처럼 우주는 모두 '나'라고 하는 것으로 이루어져 있다. 불가의 관음보살께서, 지장보살께서 마지막 한 중생의 행복을 위하여, 해탈을 위하여 당신 스스로들은 성불하지 않겠노라 서원하신 이유는 두 보살님의 입장에서는 우리가 모두 관음이요, 지장이기 때문이다.

대한민국 국민이 하느님이라 부르는 단어 역시 하나의 얼=한얼=하늘에서 온 것이다. 허공을 일러 마음이라 칭할 때 정신이라 해석할 수 있고, 순수 한국말로는 얼이 된다.(정신 나간 사람=얼빠진 사람) 거대한 하나의 정신이 한 얼이다. 더욱 솔직히 말하면 우리 모두가 바로 하느님인 것이다. 수박 안에는 수박만 있듯이 한 얼 안에는 하나의 얼, 즉 하느님밖에 없다. 그래서 기독교에서 이르기를 '하느님 안에 내가 있고 내 안에 하느님이 거하신다.'라고 한다.

나의 안과 밖이 모두 한 얼이다. 불교의 독송 기도 중 관세음보살보문품이 있다. 관세음보살이 과거 수천억 부처님을 받들어 모셨다고 서술하고 있다. 우리 눈앞에 계신 모든 존재가 다 부처님이시다. 자연의 풀 한 포기를 포함하여 모든 사람과 존재가 다 하느님이다. 그러니 내 눈앞의 사람이 이교도이든, 원수이든, 하찮고 못난 사람이든 다 하느님이시다. 당연히 그렇게 섬기고 받들어야 할 대상임에도 시기하고 질투하고 심지어 인간의 가치를 격하시키는 행위를 업으로 하는 것은 하느님의 가치를 떨어뜨리는 것이다. 모든 종교에서 하느님 또는 제불보살님들에 대한 찬탄을 최고의 기도로 평가한다. 내 앞의 상대를 칭송하고 섬기며, 상대가 내 앞에 있음에 대한 기적을 찬양하는 그것이야말로 그냥 마땅한 일이며 진정으로 사람다운 사람의 일인 것이다.

이 사실을 모르고 살아가는 사람들에게 불교의 스승님들이 전해 준 말이 있다.

'중생은 하루를 살면 하루살이 죄인이고, 백 년을 살면 백 년 살이 죄인이다.'

우리는 현상만 보고 현상을 있게 한 실상이 하느님임을 모르고 살기에 사는 동안 죄인이 될 수밖에 없다.

하늘이 원하는 진정한 사람다운 사람은 하늘이 하늘인 줄 알고 땅도 하늘인 줄 알고 사람도 하늘인 줄 알며 받들어 섬기는 이다. 이런 사실을 안 자를 일러 '붓다'라 칭한 것이다. '붓다Buddha'란 '알다Bud'의 과거형인 '이미 안 자Buddha'란 뜻이다.

임사 체험 중 특히 시간에 대한 감각이 극도로 달랐다. 1~2초도 안 되는 지구 중력의 물리적 시간 안에서 138억 년의 우주 역사와 30년간의 나의 인생을 돌아볼 수 있다는 것은 육체의 감각과 더불어 있을 때의 시간대와는 전혀 다른 체험이었다. 한순간이 무한한 시간대가 될 수 있고, 무한한 시간이 한 찰나에 지나가 버리는 것은 숨을 쉬며 안이비설신의眼耳鼻舌身意의 감각으로 살아가는 사람들로서는 정말 이해하기 힘든 현실이다.

1-④, ⑤ 어리석었던 기억의 장면

    어머니가 한 상자씩 사 두신 활명수를 틈만 나면 한 병씩 빼서 마시곤 하였다. 내가 왜 활명수에 집착했는지 지금 생각하면 이해가 되지 않는다. 사람은 스스로 집착하면 오히려 건강에 해로운 행위를 반복하게 된다. 어린 시절 편식이 심해 두부, 오이, 계란 등 특정한 음식만을 선호한 장면들이 지나갔다.

    우리가 살아가고 있는 우주의 대표적 법칙 중에 '수평적 질서와 수직적 질서'가 있다. 불교의 절 만卍 자와 기독교의 십자가+를 연상하면 된다. 세상이 돌아가는 질서 중 가장 단순하게 느낄 수 있는 것이 수평·수직적 질서이다. 사람을 일러 소우주小宇宙라고 한다. 그러니 당연히 우주의 질서가 집약되어 있을 것이다. 사람의 눈, 코, 귀, 입이 있는 부분을 얼굴이라 부른다. 즉 얼(정신=한 얼)이 들어오고 나가는 굴이 얼굴이다. 얼굴에서 수평적 질서에 해당하는 부분은 눈과 입이고, 수직적 질서를 담당하고 있는 것은 귀와 코이다. 눈에 보이는 모든 대상을 평등하게 보아야 하고 입으로 들어오는 음식은 골고루 평등하게 먹어야 한다. 나는 입으로 들어오는 음식을 평등하게 먹지 않은 과보가 있는 아이였다.

참고로 수직적 질서인 귀와 코에 대해서 말하자면 나보다 한 발이라도 앞서가신 분들의 말씀을 잘 새겨듣는 것이 수직적 질서의 귀에 해당하고 코는 아상我相 즉 '내가 난데'라는 부분을 상징한다. 옛 경서에 '성인은 발 뒤꿈치로 숨을 쉰다.'라는 말이 있다. 숨을 쉬는 코가 발뒤꿈치에 있다는 말이니 아상이 그만큼 없다는 뜻이다. 하지만 현상계에서의 사람은 자신의 내세움(아상)을 수직적 질서에 합당하게(앞선 이 다음에, 뒤에 오는 이 앞의 자리에) 하여야 한다. 나를 있게 한 부모님, 조상님들에 대한 수직적 질서를 마땅히 지켜야 한다. 과거, 현재, 미래는 사실 하나로 연결되어 있다. 나의 조상님들과 나의 후손들 역시 다 나와 하나로 연결되어 있다. 하나이지만 순서상의 질서는 마땅히 지켜야 한다. 그리고 조상을 섬기는 것 역시 나를 섬기는 것이고, 후손들의 입지가 나아지는 계기가 된다. 현재 깨달아 도道를 통해 영성이 고양되면 나의 과거인 조상님들의 품위 역시 올라가고 후손들 역시 나의 음덕을 받아 좋은 환경과 능력을 갖추고 태어난다. 인류가 오래전부터 조상신을 섬긴 것은 미신이 아니다. 당연히 합당한 질서이니 이름하여 수직적 질서이다.

사람은 나이가 차면 자기 얼굴에 책임을 져야 한다고들 한다. 사람의 얼굴이 시간이 지나감에 따라 서로 달라지는 것은 인생을 살아가면서 어떠한 마음의 상태로 살았느냐에 따라 다른 정신(얼)이 들어오고 나가기를 반복하기 때문이다. 오고 나가기를 반복한 흔적의 결과가 지금의 나의 얼굴이다. 내가 어떠한 마음을 가지고 살았는가가 지금 나의 얼굴에 담겨 있는 것이다. 요즘은 성형수술이 유행인지라 쉽게 얼굴을 바꾸곤 하지만 죽고 나면 마음의 얼굴이 그대로 나타난다. 얼굴을 고치는 데 시간과 돈을 쓰기보다 마음공부를 하는 것이 영혼의 얼굴을 아름답게 하는 데 더 도움이 된다. 참고로 아름다운 이는 주위의 모두를 좋게 한 과보로 얻은 결과이다. 대중을 위해 봉사, 기부하는 이들이나 우주가 있는 이유를 실천하고 있는 진리를 공부하는 법의 전당에서 봉사하는 이들은 내생에 아름다운 미인, 미남으로 태어나는 과보를 받는다. 마음공부를 하는 이유는 왜 내가 봉사하고 기부해야 하는가에 대한 당연한 이유를 알고 실천하게 하는 계기가 되기 때문이다. 내가 하늘임을 알지 못하고 상대 역시 하늘임을 알지 못하면, 이웃을 내 몸처럼 사랑해야 할 이유도 모르고 원수를 7번씩 77번 용서해야 할 이유를 모른다. 모르니 당연히 이웃을 내 몸처럼 사랑할 수 없고 원수를 7번씩 77번 용서할 수가 없다.

영혼이 병들어 가는 원인 중에 어리석음이 있다. 문제는 어리석은 이는 본인이 어리석은 줄 모르는 것이다. 어리석음은 집착에서 나온다. 집착하니 똑같은 소리를 반복하게 되고 심지어는 큰소리도 내며 화를 내는 경우가 많다. 당연히 본인도 힘들고 주위 사람들도 힘들게 된다. 나의 어리석음으로 말미암아 어머니, 형님과 집안에서 일을 돕고 있는 분들이 다 힘들었다. 나로 말미암아 여러 사람이 힘들고 무의미한 일을 하게 됨을 보았다. 살아생전에는 자신을 기이한 말로 변호하고 양심에 위배되는 핑계를 댈 수 있지만 죽고 나면 양심을 느끼는 감각이 100배, 1000배 발달하게 된다. 내가 나로 인해 느끼는 부끄러움이 남들로 인해 부끄러운 것보다 100배, 1000배 더 부끄럽다. 그 부끄러움으로 인해 스스로 지옥을 찾아가 지옥살이 자청하는 것이 사후 세계이다.

어리석음으로 내가 스스로 만든 세계로 가 지옥살이 하는 것도 문제이지만 내 어리석음에 전도되어 많은 대중이 함께 지옥살이를 하게 만드는 것이 더욱 큰 업장이다. 가짜 뉴스를 만드는 이들과 그런 뉴스에 동조한 사람들은 그 사실이 진실이라고 믿는 어리석음과 그 사실에 집착하는 마음에서 연유한 것이라 본다. 혼자만 잘못된 것이 아니라 많은 대중을 잘못되게 한 과보는 어떠한 것일까 생각만 해도 끔찍하다. 특히 사이비 성직자들의 강설과 주장들을 보면 세상의 죄 중에 가장 큰 죄가 진리를, 하느님을, 부처님을 오도한 것임을 알려 주고 싶다. 하지만 그들 역시 자신이 옳다고 확신에 차 행동하고 있고 많은 이들이 그를 믿고 따르며 천국 가는 길이라 여기니 필자처럼 근사 체험을 하기 전에는 고치기가 힘든 병이다.

1-⑥, ⑦ 남에게 몸으로, 마음으로 한 해악害惡

처음 근사 체험을 하였을 때 30년 인생의 장면들이 나타났지만, 그중에 기억나는 것들만 서술하다 보니 전체적인 맥락을 놓치지 않았나 우려도 된다. 두서없는 문장 중에 필자의 진심 역시 담겨 있음을 양지해 주시기를 바라며 형식적 표현보다는 사실과 사실을 35년간 수행한 진심으로 해석하고 있음을 인지하시고 필자의 어설픈 표현력을 용서해 주시길 바란다.

필자가 대구한의대학교 대학원 동양철학과 석·박사 과정 중에 박사 논문을 처음에는 죽음학에 관련된 것으로 준비하였다. 나름대로 미국, 러시아, 독일, 일본, 대만 등의 임사 체험(근사 체험)자의 자료를 확인하고 준비했지만, 현실적 이유로『논어』에서 인간다움에 관한 연구로 하였다. 어찌하였든 죽음에 관한 여러 자료를 본 것 역시 이번 논고論考에 큰 도움이 된 것을 밝히고 싶다. 일일이 자료를 찾아서 인용부호를 하지 못하고 서술한 바도 있을 수 있으니 혹시 오해가 있을까 미리 양해를 구한다.

친구와 씨름판에서 싸운 것이 초등학교 5학년 시절인 것으로 기억한다. 먼저 부연하고 싶은 것은 죽어서 살아온 인생을 회고할 때 생전에 단한 번도 기억나지 않았던 사연들도 있었다. 하지만 분명히 나의 인생이었음을 저절로 알게 되었고 당시 상황을 관찰하는 태도가 철저하게 상대의 입장이 되는 것이었다. 내가 때림과 동시에 상대의 아픔이 내게 그대로 전달되었다. 특히 친구의 두려움에 찬 마음을 느꼈을 때는 내가 정말 죽일 놈이라는 생각이 들었고 부끄러움이 하늘을 찔렀다. 사후 인생 회고는 두 가지 입장으로 보게 된다. 철저한 상대의 입장과 주·객관을 넘어선 모든 이가 바로 나라는 마음과 그 마음에서 나오는 연민, 사랑 등 무엇이라 말할 수 없는 애틋한 것이었다. 상대를 위해서, 이 세상을 위해서 내 목숨을 수백 개, 수천 개라도 바칠 각오가 된 입장이었다. 그러니 IQ 100 짜리의 이기적이고 어리석은 자의 마음과 행위는 부끄럽고 부끄러울 뿐이었다. 왜냐하면, 그 당시 나는 IQ 900 건달바신乾闥婆身의 존재 양식이었기 때문이었다. 산 사람은 눈앞의 현상을 안이비설신의眼耳鼻舌身意의 감각으로 판단하며 육체와 육체가 이용 가능한 도구를 이용하여 살아간다. 하지만 죽어 다시 환생하기 전인 중음계에서의 존재 양식은 '건달바'라 불리는 몸을 가진다. 건달바는 음악의 신이기도 하며 음식은 오직 향기로만 섭취하니 일명 취향신取香身이라고 부른다. 상가의 빈소에 향을 피우는 이유가 망자의 존재 양식이 건달바신이 되었기 때문이다.

남에게 빌려주는 돈이나 내가 남에게 베푸는 시간과 노력은 너무나도 당연한 것이 되는 것이 사후인死後人의 입장이었다. 그런데 돈 빌려 간 이에 대한 마음속의 성냄과 저주의 행위는 부끄러움의 장부에 기재되어 지옥행 특급 열차를 타는 승차권이 되었다.

남이 곧 나이다. 남에게 한 행위나 마음속으로 남에게 품은 악의惡意 역시 나에게 한 것이다. 나를 소아小我와 대아大我로 나누며, 왜 소우주와小宇宙 대우주大宇宙란 단어가 있는지 죽음의 과정을 통해서 자연스럽게 체득하게 된다.

객관적으로 지구상의 전체 바다는 단 하나의 물방울이다. 단 하나의 물방울에서 수많은 파도가 일어나듯, 대아大我로 불리는 바다에서 소아小我로 불리는 각자의 개체인 파도가 일어난다고 생각하면 이해가 쉽다. 소아인 나는 바다인 대아를 단 한 번도 떠난 적이 없다. 그러면 나는 파도인 동시에 바다이다. 마찬가지 나는 소우주이기도 하고 대우주이기도 하다. 더 나아가 나는 개체의 자연인 000이기도 하고 하나의 얼 즉 하느님이기도 하다. 이름하여 나는 하느님 안에 있고 내 안에 하느님이 거하시기도 하는 것이다.

1 - ⑧, ⑨ 빛의 세계와 소중한 인연

　순식간에 지나가는 필름 영화처럼 하지만 다시 산 것처럼 생생하였던 삶의 회고가 끝난 뒤 펼쳐진 다양한 빛의 세계는 여러 차원을 형성하고 있었다. 가장 높은 곳은 수천 개의 태양빛으로 이루어져 감히 쳐다보지도 못할 정도였다. 보고도 보지 못하고 그곳으로 가지 못하는 것은 중생으로 살아온 부끄러움 때문이었다. 우리가 살아생전에는 중생의 삶에 대한 부끄러움이 없다. 각자의 원과 한으로 뭉쳐져 있는 인생에서 한풀이, 원풀이하는 것이 최고의 행복이라 생각하며 살다 간다. 하지만 죽고 나서 빛의 주인공 앞에 섰을 때 그 부끄러움이란 이루 표현할 길이 없다. 그리하여 스스로 자신의 업에 합당한 세계로 자석처럼 빨려 가는 것이 다음 생 즉 내생이 된다.

　우리는 인간의 몸으로 태어나는 것이 얼마나 귀한 인연임을 모른다. 우주에서 수많은 존재가 있고 그중에 귀하디귀한 생명체로 태어나고 우주에서도 너무나도 귀한 지구에서 인간으로 태어날 수 있는 확률은 숫자로 표현하면 수경 조 분의 일도 넘을 것이다. 현재 지구상에 80억의 인류가 살고 있다 하여 흔한 존재라 여기지만 선지자들은 말했다. 100년에 한 번 숨을 쉬려 물 밖으로 올라오는 거북이가 망망대해를 떠다니는 작은 판자에 뚫린 구멍으로 머리를 내미는 확률이 사람으로 태어나는 인연이라 하였다.

득도를 하신 한 선험자가 말하기를 '사람으로 태어나기가 정말 힘들었고 사람으로 태어나도 바른 도道를 만나기가 힘들었다. 바른 도道를 만났어도 나를 이끌어 줄 훌륭한 스승을 만나기가 무엇보다도 가장 어려웠다.'

이 말은 사람으로 태어나는 인연이 소중하지만 바른 도道 와 훌륭한 스승을 만나는 인연이 더욱 어렵고 소중하다는 뜻이다. 그리하여 선험자들께서는 지나가는 인연들을 잘 관찰하고 선택해야 한다고 강조한다. 그리해야만 바른 가르침을 만날 수 있고 바른 스승의 인연을 따를 수 있기 때문이다. 특히 영성에 관한 공부는 역사적으로 스승과 제자 사이의 이심전심以心傳心으로 전승되었다. 현대 사회에서는 법사 스님들의 경전 강의 동영상과 다양한 주제가 담긴 심리학, 철학, 요가, 명상 선생님들의 동영상 강의를 통해 쉽게 공부의 인연을 맺을 수 있다. 옛날에는 글을 배우기가 힘들었고 글을 알아도 경서를 구하기 힘들었다. 경서가 있다 하여도 자신을 이끌어 줄 스승을 만나기 위해 전국 팔도를 찾아 헤매어야 하였다. 심지어는 중국과 인도까지 구법의 길을 떠난 선지자들이 계셨고, 인도까지 가고 오는 그 멀고도 험한 길 실크로드는 구법의 길을 가시다 변을 당해 돌아가신 스님들의 유골들로 이루어진 길이라고 들었다.

지금 이 시대에서 법을 구하는 학인學人들은 조금만 정성을 기울이면 바른 가르침을 받을 수 있다. 그만큼 지금 우리가 사는 시대가 구법자求法者에게는 극락과도 같다. 다만 본인이 어디에다 인생의 목표를 두느냐가 문제이다. 남과 비교하면서 세상 것을 따라갈 것인지, 세상 것보다 자신의 내면을 돌아보며 현재의 인격을 넘어 선인善人-신인信人-미인美人-대인大人-성인聖人의 길을 갈지 이 순간 자신의 진실한 선택에 달려 있다. 선택이 바로 완성으로 가는 길이다. 이름하여 초발심시변정각初發心是變正覺이다.

영혼이 육체를 만나 인간으로 태어나려면 먼저 부모를 만나야 한다. 부모의 인연을 거슬러 올라가면 수많은 조상님의 인연이 있어야 하고 인간으로서 숨을 쉬며 입고 먹고 마시며 기거하는 의식주를 누리려면 수많은 인연이 있어야 한다. 그 인연 하나하나가 다 소중하다. 하늘과 땅을 둘러보고 부모님을 생각하고 형제, 친척, 친지, 친구들을 생각하면 그 어디 소중하지 않은 인연이 없다. 살아생전에 자연과 생명, 사람들의 소중함을 알아야 하고 이들을 귀하게 여기는 몸가짐을 하여야 한다. 그것이 살아 있을 때 산 자들이 해야 할 당연사이다.

죽은 자는 앎의 영역이 산 자와는 비교할 수 없을 정도로 넓어진다. 심지어 시공을 초월하는 능력도 있다. 무속인들이 대를 이어 가는 이유가 여기에 있다. 죽은 자의 영혼과 접신해서 메시지를 전달하는 능력을 갖춘 이들이 인류사 이래 지금까지 존재하는 이유이다. 죽은 자는 산 자보다 9배 현명하다.

하지만 죽은 자는 자기 스스로를 위할 수가 없다. 그래서 죽은 자에게 가장 필요한 것은 산 자들의 마음이다. 산 자들이 자신을 대신하여 자신의 죄업을 소멸해 주는 공덕을 쌓고 기도를 해 주는 것이 죽은 자에게는 절실한 덕목이다. 자식은 살아생전에 필요하기보다 죽고 나서 더 필요한 인연이다. 누가 나를 위해 지극히 마음을 내어 기도할 것인가 스스로 물어보면 자식이나 형제, 친한 친구들밖에 없다. 특히 자식은 나를 위해 기도하는 마음이 절실하다. 나의 경우는 3살 난 자식의 천진하고도 간절한 마음으로 인해 살아날 수 있는 계기가 되었다.

이 세상은 마음 더 이상도 이하도 아니다. 마음은 허공이고 허공에 마음을 내는 순간 허공은 시간과 공간을 초월하여 작용한다. 세상만 마음이 아니라 나의 영혼도 마음의 존재이다. 그러니 당연히 작용할 수밖에 없다. 과거 천주교인 시절에 절집에서 거행하는 49재 등 망자들을 위한 기도 의례를 미신으로 치부한 적이 있었다. 지금 생각하면 너무도 부끄러운 무식함이었다. 죽은 자에게 가장 필요한 것은 산 자들이 자신을 위해 주는 기도이다. 특히 망자의 영혼을 자유롭게 하는 것은 차려 놓은 음식이 아니라 진리의 소리를 독송하여 주는 것이다. 진리만이 우리의 영혼을 자유롭게 한다.

참고로 삼촌과 조카 사이가 그렇게 애틋하고 가까운 사이인지 죽고 나서 알았다. 요즘 시대에 조카들이 삼촌을 쉽게 생각하기도 한다. 하지만 삼촌은 죽고 나면 조카에게 의지하려는 마음이 생긴다. 혹시 자식을 보지 못하고 죽은 삼촌이 있다면, 자식이 있어도 명복을 제때 빌어 주지 않은 삼촌이 있다면 특별하게 기도를 해 드리기를 권한다. 삼촌은 자신의 과거다. 과거가 좋아지면 현재가 좋아지게 되고 현재가 좋아지면 미래인 나의 후손도 좋아지게 된다.

1 - ⑩, ⑪, ⑫ 마음이 있고
내가 있음은 기적 중에 기적이다

'이 세상은 마음 더 이상도 더 이하도 아니다.'라는 것이 35년간 마음공부를 한 나의 결론이다. 그러니 내 마음을 공부하는 것이 바로 이 세상을 잘살고 잘 경영하는 공부가 된다.

마음공부인들이 반드시 참고할 말은 '세상 것을 따라가면 멸망이니라.'와 Self means a Road, Truth, Eternity. 자신이 길이요, 진리요, 영원(생)이라고 한 예수Jejus의 메시지이다.

마음공부를 추천하는 사찰을 방문하다 보면 두 눈과 귀, 입을 손으로 막고 있는 원숭이를 종종 볼 수 있다. 각자 내면에 존재하는 '내가 난데'라는 바위를 깨부수려면 '내가 난데'라는 바람을 잠재워야 한다. 내면의 바람이 그치고 적멸한 상태의 마음에 도달하려는 방편으로 내 몸 밖의 세상을 분별하지 않도록 하는 방법으로 눈, 코, 귀, 입을 막고 외부 세계에 대한 분별을 금하도록 하는 것이다. 또 예수의 말씀대로 진리는 여기 있다, 저기 있다가 아니라, 바로 우리 각자의 마음속에 있다. 그리고 천국에 대해 논하기를 천국은 바람이 일어나서 바람이 흐르다 바람이 그친 곳이 천국이라 하였는데 그것은 우리 눈앞의 공空을 두고 말한 것이다.

대우주의 공空과 내 몸 안의 공空(마음)은 하나이지만 내 몸 안의 허공에서는 끊임없이 '내가 난데'라는 바람이 수억 겁 생을 두고 불고 있기에 '내 마음', '내 영혼'이 있는 것이 당연하게 여겨진다. 사실 내 안에 불고 있는 '내가 난데'라는 바람이 그치면 '내 마음', '내 영혼'이랄 것이 없다. 소우주가 대우주가 되는 상황이 되고, '내 영혼'이 '한 얼' 즉 하느님이 되는 상황일 뿐이다. 사실 처음부터 대우주였고 '한 얼'이었던 것이 나의 본모습이다.

우주와 '한 얼'의 또 다른 이름인 공空의 특성은 지혜와 사랑이며 전지전능함이다.

시간과 공간을 초월할 수도 있으며 무無에서 유有를 창조할 수도 있다. 이 공의 다른 이름을 우리 각자의 마음이라 표현하기도 한다. 마음은 보고 듣고 냄새 맡고 맛보며 감촉에 반응한 것을 바탕으로 사고하여 판단한 결과이다. 쉽게 이해해서 보고 듣는 것이 마음이고, 보고 판단한 것이 마음이라 여기면 된다. 여기에서 한 가지 더 마음먹는 것, 발심하는 것, 결심하는 것이 바로 마음이 된다. 하고자 하면 바로 마음이 되니 마음의 세계에서는 바로 현실이 될 수 있다. 물질계로 형상화되기까지는 오랜 시간이 걸릴 수 있지만, 마음의 세계에서는 바로 실현된다. 나의 경우 다시 살려고 마음먹은 순간 시공을 초월해 죽기 1초 전의 육신으로 영혼이

들어와 두 팔을 절벽에 붙여 브레이크 역할을 하게 하여 머리가 바위에 부딪혔을 때 충격을 줄일 수 있게 되었다. 비록 머리는 깨져 피가 나왔지만, 다시 살 기회를 얻게 되었다. 옛말에 호랑이한테 물려 가도 정신만 차리면 살 수 있다는 말이 거짓이 아니었다.

사실 지금 내가 존재할 수 있는 확률을 우주 창조의 과정부터 생명의 탄생 그리고 진화까지 다 따져 보면 무한대 분의 1이다. 그냥 내가 존재한다는 자체가 기적이다. 그리고 기적으로 이루어진 나는 무한한 기적을 일으킬 수 있는 능력이 내재되어 있는 존재이다. 우리가 모두 그러하다는 말이다. 자칫 기도와 수행 중에 신비한 체험을 한다든지, 자기 모습을 한 하느님이나 부처님, 여타 다른 신神들의 모습을 보고 자신이 특별한 존재라고 생각할 수도 있음도 충분히 이해가 된다. 세상에 사이비 교주와 사이비 스승들이 있을 수 있음 역시 이해가 간다.

새로운 하늘의 하느님, 후천 세계의 부처님, 기타 등등의 신을 빙자하는 종교인 혹은 스승은 아직 업장 소멸이 덜 된 이로 보면 된다. 청정법신불淸淨法身佛의 구경究竟의 자리를 체험하신 분은 그런 말을 할 필요성을 못 느낀다. 도판에서 길을 가다 조사를 만나면 조사를 죽이고 부처를 만나면 부처를 죽이라는 말은 사이비 교주가 나오지 않도록 하는 방편이었는데 이 방편을 가지고 수련 방법으로 선택한 수행 학원도 이 세상에 있다. 조심해서 잘 관찰해야만 속지 않는다. 남에게 속을 뿐 아니라 자신에게도 속을 수 있는 것이 마음 수련계의 상황이다. 자신도 속고 또 속은 자신한테 속는 이들이 속출하는 것이 마음공부의 장이다. 그래서 좋은 법을 만나기 어렵고 더 나아가 좋은 스승을 만나기가 어려웠다고 득도하신 선험자들께서 오래전에 이미 밝히신 것이다.

대승불교에서는 수행의 부분을 세 가지로 나눈다. 이름하여 성문聲聞, 연각緣覺, 보살菩薩이다. 성문은 경전과 법문에 의지하여 수행함을 말하고, 연각은 홀로 연기법을 관찰하여 득도하는 이를 말하고, 육바라밀(보시, 지계, 인욕, 정진, 선정, 반야)을 실천하여 부처를 이루는 수행자를 보살이라 말한다. 개인적으로 나의 공부 과정을 돌아보면 성문, 연각 공부의 장을 거쳐 보살도를 공부하는 장에 있다고 보인다. 삼 년간의 독서와 명상, 그리고 십여 년간의 산속 수행, 그리고 출가하여 스님이 된 지금의 상황을 보면 그렇게 생각된다.

최초 삼영 불교 서점에서 구입한 불경 서적을 기초로 독서와 명상을 병행한 수행을 하루 4시간씩 3년을 하였다. 구입한 책 중에 『안반수의경』, 『대념처경』이 있어서 자연스럽게 붓다의 수식관을 실천하게 되었다. 3년간의 공부 중에 가장 특이한 경험은 명상 중에 이마 윗부분 머리 전체가 열린 듯한 체험을 하게 되었다. 내가 앉은 자리 위부터 시작하여 집 밖의 모습, 동네 전체의 광경, 더 나아가 한반도 전체가 보이는 장면, 지구를 넘어서 태양계와 우리 은하의 모습이 보이더니 엄청난 속도로 내 생각(?)이 커지기 시작했다. 본능적으로 지금 내가 체험하고 있는 이 광경이 우주란 것을 알았다. 내 생각이 커지는 도중에 우주 안의 다른 생명체들의 문명도 보였다. 그러다 이제 끝인가 보다 했는데 더 빠른 속도로 커졌다. 그 순간 갑자기 구토가 생겨나 명상에서 깨어났다. 그때 체험한 느낌은

이 우주는 바로 나의 생각이란 것이다. 세상이 바르게 되고, 자신이 바르게 되려면 지금 본인이 하는 생각부터 살펴 바르고 아름답게 하여야 한다고 꼭 전하고 싶다. 아름답다는 것은 모두를 좋게 한다는 뜻을 내포하고 있다. 그리고 공空의 지혜는 모두를 행복하기 위한 지혜이다. 내 마음이 공심空心이 되면 공空의 대우주 맷돌의 손잡이인 어처구니가 될 수가 있다. 모두를 위한 마음을 내면 허공 우주 맷돌이 돌아간다. 허공=하늘이 돌아가면 땅이 돌아가고 땅이 돌아가면 땅 위에 사는 인간들이 바뀐다. 비록 시차가 나지만 진정 우주와 하나 되어 본 도인道人은 이렇게 기도할 것 같다.

근사 체험 체험을 하고 난 뒤 갑자기 머리가 좋아졌다. 그 당시 부동산 중개사 자격증을 따는 것이 유행하였는데, 한 친구가 준 부동산 관련 책들을 한 번 보고 난 뒤 예상 시험 문제지로 시험을 쳐 봤는데 90점 넘게 나온 것으로 기억한다.

첫 번째 근사 체험의 과정들을 이해하고 행동거지가 바뀌기까지 15~20년 정도의 수행이 필요했다. 앎은 정신적 작용일 뿐 앎이 몸으로 체화되었을 때 진정 나의 인격이 되었다. 처음에는 경전을 공부하였고 그리고 여러 스승님을 찾아 학습하였다. 화두선을 시작으로 여러 수행법을 배웠다. 처음 받은 화두는 '부모미생전본래면목父母未生前本來面目'이었다.

첫 화두를 타파하였을 때의 그 기쁨은 이루 말할 수가 없었다. '이 뭐꼬'

하면서 간절히 바랄 때는 터지지 않더니만 도반이 홍시를 맛있게 먹는 모습을 보는 순간 터졌다. 당시 속옷 차림이었는데 뛰쳐나가 온 동네를 춤추면서 돌아다녔다. '무가애 무가애고無罣礙 無罣礙故' 하는 소리가 내 입에서 절로 나오면서 돌아다니다 어느 빈집 마당에 가서 집 기둥을 잡고 춤을 추었는데 기둥이 들썩들썩하였다.

화두 공부로 인해 나와 남, 해, 달, 별 등 모든 존재가 하나임을 알게 되었고, 심지어 삶과 죽음조차 하나임을 깨달았다. 삶이 삶이 아니었고 죽음이 죽음이 아니었다. 그러한 생각을 하게 되었던 그날 밤 실참 중에 끝없이 펼쳐지는 전생들을 보게 되었다. 이름 모를 생명체부터 바퀴벌레, 큰 능구렁이, 수백 년 살다 죽어 가난한 집 선비의 울타리가 된 소나무를 거쳐 사람이 되었고, 여러 사람을 거쳐 동자승이 되어 법당에 불이 나 이리저리 뛰면서 통곡을 하는 모습을 거쳐 새벽 범종 소리가 울리는 절집을 내려오는 스님의 모습이 마지막이었다.

결론적으로 인생의 끝은 없다는 것이다. 죽음은 연속되는 과정 중의 하나일 뿐 그 과정은 하나의 얼(정신) 안에서의 작용이니 어디로 간 곳도 온 곳도 없으며, 저승길이 멀고도 멀다 하는 말은 현생에 대한 집착으로 인해 생긴 마음의 거리이다. 바로 문간 앞이 저승이고 옆 동네에 태어날 개와 고양이가 바로 나의 내생이다.

뉴턴의 운동 제3법칙 '작용과 반작용의 원리'가 하나의 풍선 안에 이루어지는 것이 세상이고 그 세상을 이룬 하나의 풍선이 본디 나의 모습이고 풍선 안의 작은 존재들이 현재 '내가 난데'라고 집착하는 보통 사람들의 영혼과 우주의 모든 존재다. 현재 나의 처지와 환경은 과거 내가 작용한 행위의 반작용 된 결과이다. 세계와 인생은 한 치의 틈도 없이 작용과 반작용의 법칙에 따라 운행되고 있다. 내가 행복해지려면 행복할 작용을 먼저 하는 것이 옳은 선택이다. 옛 경서에 전하기를 '성인聖人은 남을 먼저 이루게 해서 자신을 이루고 남을 가지게 해서 자신이 가진다.'라고 하였다. 옛 성현들의 말씀이 하나도 틀리지 않았음이다.

사람 탈을 썼다 하여 다 사람이 아니다. 오직 자신과 관계된 자의 이익만 집착하고 오로지 자기 사는 것에만 집착하게 되면 짐승과 같다 하여 불교에서는 중생이라는 명칭을 쓴다. 중생으로 태어나서 사람다운 도리를 다하지 못하여서 내생에 짐승으로 갈 수성獸性 인간이 있고, 인간으로 해야 할 도리와 예를 실천하여 다음 생으로 인간의 몸을 받는 인성人性 인간이 있고, 득도하여 인간의 몸을 벗고 신神이 될 수 있는 신성神性 인간이 있다.

참고로 인성 인간의 도리를 참고하려면 공자의 말을 기술한 『논어』를 추천한다. 큰돈을 벌거나 재벌이 되고자 하는 원을 세운 이들 역시 『논어』를 읽기를 권한다. 삼성을 세운 故이병철 회장께서 『논어』의 대가大家임을 아는 이는 드물다. 돈 잘 버는 이의 특징은 인간다움에 능하다.

설사 윤회를 믿지 않는 자가 있어서 내생에 사람으로 태어날 인연을 짓지 아니하고, 하늘이 원하는 사람다운 사람으로서의 행을 다하지 못하면 축생과 아귀계로 태어날 확률이 제일 높다. 나의 첫 임사 체험에서 내생이 축생임을 인지하였었다. 어린 시절 친구들로부터 '달조'란 별명을 가질 정도로 어리석고 욕심 없이 살았다고 생각하고 있었고, 무엇보다 수도원 대성당에서 예수님의 성령을 받았던 내가 죽어 축생으로 태어날 줄은 정말로 꿈에도 생각하지 못했던 상황이었다.

어떻게 살아야 잘 사는지의 기준을 결정하는 이는 사후에 9배 밝아진 영성의 주인공이었다. 우주에서 사람으로 태어났으면 우주를 나로 인식할 수 있고 더 나아가서 더 아름다운 세계를 창조할 수 있는 인식을 가져야 한다. 세계는 만법유식萬法唯識이라 해서 인식체와 인식체가 투영된 물질계가 전부이다. 플라톤이 지적한 대로 인간은 빛이 쏘여져 그림자로 투영된 세계가 진실한 세계라 착각하며 살고 있다. 눈부신 빛을 향해 나아가야 하는 것이 인간으로 태어난 도리이다. 빛은 우리의 양심이고 세계와 내가 본디 하나인 차원을 상징하고 있으며 모든 존재의 근본이다. 빛을 등지고 그림자인 물질계만 쫓아가다 보면 사후에 느끼는 감정은 살아온 세상과 자신이 꿈과 같고 일어났다 쓰러져 가는 파도처럼 느껴진다. 물질계를 현상적 그림자로 보고 빛의 세계를 실상으로 보아야 한다. 실상의 세계에서 마음을 만들면 나와 이 세계가 되는 것을 알아야 한다. 우리가 그냥 하는 마음 짓 하나하나가 나와 세계를 만듦을 알게 되면 자기 마음을 잘 관찰하는 그것이야말로 나와 세계를 위하는 것이 된다.

2. 과로사로 인한 임사 체험

마음공부를 하는 학인學人이 되어 만난 인연 중에 평택 근교에서 24시간 가동되는 자수 회사를 경영하는 도반이 있었다. 도반의 주선으로 회사를 관리하는 역할을 하게 되었다. 낮과 밤을 구분하지 않고 업무를 보다 어느 날 아침 눈을 뜨니 몸이 움직이질 않았다. 좀 있으니 내가 나를 보고 있음을 알았다. 허공에 떠서 내 육신을 쳐다보고 있었다. 해가 지기 직전까지 그렇게 있었다. 당시 직원 기숙사에서 기거하고 있었다. 관리자가 사무실로 출근하지 않으니 직원 한 명이 방문 앞에 와서 문을 두드리다 가는 것이 보였다.

허공에서 죽어 있는 내 모습을 보고 있노라니 눈가에 눈물 자국이 보였다. '이놈 자식! 죽을 때 눈물 흘리면 축생 가는데.' 이런 생각이 드는 순간 영혼은 해가 지는 서쪽으로 날아갔다. 한창 날아가고 있는 도중에 갑자기 엄지발가락에 온기가 느껴지기 시작했다. 자고 있던 방이 서향이라 커튼이 약간 벌려진 사이로 한 줄기 햇빛이 들어와 엄지발가락을 비추고 있는 광경이 나타났다. 발가락부터 서서히 온기가 몸 전체로 퍼져 가는 것을 느끼는 순간 영혼이 다시 육신 속으로 들어왔음을 알 수가 있었다. 손을 움직여 인터폰으로 사무실 직원에게 연락하여 문을 따고 들어오게 하였다. 식당에 가서 미음을 준비해 오라 해서 미음을 먹었는데 그때 느꼈다. 미음 한 숟가락의 에너지가 사람에게 얼마나 큰 힘이 되는지.

다음 날 천안 순천향병원에 가서 검사를 한 결과, 간이 망가져 회복 불능이 되었고 간 이식을 하지 않으면 3개월 안에 죽을 수 있다는 진단을 받게 되었다. 도반에게 연락해 회사 업무를 정리하고 집으로 돌아와 시간을 보내게 되었는데, 3개월 사형 선고를 받고 나니 하루하루를 지날 때마다 몸에서 기운이 빠져나감을 느꼈다. '이러다 죽겠구나!' 할 때, 한 지인이 나를 양의와 한의를 동시에 보는 친구 의사에게 검진을 받게 하였다. 검진 결과는 황당하였다. 지인의 친구인 의사께서 말하기를 '간 이식해야 한다고 하지요?'였다. '네' 하고 대답하니, '양의사는 이 현상을 그렇게밖에 볼 수가 없습니다.' 하면서 한약을 처방해 주며 푹 쉬고 먹고 싶은 것 찾아서 드시면 된다고 하였다. 의사 말이 사람이 너무 피곤하면 간이 몸에 들어오는 독소를 정화하지 못하게 되고 흔히 먹는 물속에 있는 대장균이 간에 들어와 증식하여 간 전체를 덮게 될 수가 있다고 한다. 그럴 때 양의사는 간을 포기하게 되고, 간 이식을 권한다고 한다.

그 후 의사가 처방한 약을 꾸준히 먹고, 한약 도매업을 하는 지인이 신경 써 주어 녹용이 들어 있는 처방한 약을 마지막으로 먹은 후 건강이 완전히 돌아왔다.

과로사로 영혼이 몸에서 빠져나와 있었던 시간은 한나절이었다. 대강 아침 7시쯤에서 저녁 5시쯤까지 10시간 정도였다. 그런데 막상 영혼으로 느낀 시간의 감각으로는 몇 분 되지 않았다. 직원이 와서 문을 두드렸을 때 문을 따서 들어오면 내가 살수도 있겠는데라는 생각을 하였고, 그 상황이 지나가니 그냥 나를 계속 보고 있는 것 같았다. 해가 질 때 즈음 이제는 가야겠다고 하고 해가 지는 쪽으로 날아갔다. 왜 해가 지는 쪽으로 갔는지는 스님이 되고 나서 알게 되었다.

발가락에 햇빛이 들어 온기를 느꼈을 때 돌아오는 내 영혼의 모습을 내가 보는 장면이 생생하게 기억이 난다. 내 영혼이 있고, 그 영혼을 보고 있는 '나'가 있음을 인지하였을 때 '나'라는 것이 점점 확대되고 있음을 알았다. 그리고 영혼과 육신이 가느다란 은실로 연결되어 있음도 인상적이었다.

'나'라고 하는 것을 흔히 혼자라고 생각한다. '나'는 여러 존재가 연결되어 '나'가 되었음을 위의 경험을 통해 절감하였다. 그래서 내가 잘하는 말이 생겼다.
'사람은 사람들이 사람이다.'

사람을 죽이는 것도 사람이지만 사람을 살리는 것도 사람이다. 평소 내가 어떠한 사람들과 소통하였는지, 그리고 내가 얼마나 주변인들에게 진심이었는지가 죽음의 과정에서 벗어날 수 있는 계기가 되었다.

3. 암벽에서 매달린 채 만난 죽음

    과로사로 인한 근사 체험 후에 거의 산속 생활을 하였다. 이 산 저 산 명산을 찾아다니면서 인연처에 앉아 명상에 드는 것을 10여 년 한 것 같다. 혼자서 산행을 하다 보면 길을 잘못 들어 오를 수 없는 암벽 길을 만날 때가 있다. 암벽 길을 타다 중간에 오도가도 못 하는 상황을 맞게 되었다. 암벽에 매달려 한나절이 지나고 힘이 점점 빠져 이러다 죽겠다 하는 생각이 들었다. 이제 죽어야겠다고 마음먹은 순간 주마등처럼 살아온 세월이 지나갔다. 순식간에 확 지나가 버렸다. 결론은 여전히 부끄러운 영혼이었다.

    영혼이 빠져나간 순간 암벽 위로 내가 살아 나갈 길이 보였다. 그 순간은 몸이 절벽에서 막 떨어진 순간이었다. 갑자기 오른팔이 위쪽으로 손을 뻗쳐 잡을 수 있는 벽을 쥐게 되었고 점차 벽을 타고 올라가 살 수가 있었다.

삶과 죽음이 정말로 묘하다.

살려고 암벽에 매달려 있을 때는 살길이 전혀 보이지 않더니만 죽으려고 마음먹은 순간 살길이 보였다. '생즉사 사즉생生卽死 死卽生'이란 말이 헛된 말이 아님이 증명되었다.

결론은 아직도 나는 부끄러운 영혼이었다는 것이다. 한 소식 하였다 생각했는데 여전히 부끄러운 영혼이었다. 이 마음공부는 살아생전에 죽음을 맛보는 것으로 생각한다. 살아 있으면서 자신을 포기하는 것이 이 공부인데, 철저하게 죽어 보지 않으면 마음속에 '내가 난데'가 이상한 방향으로 살아난다. 돈도 권력도 명예도 다 놓았지만 공부한 도인道人이라는 아상我相이 새로이 생겨난다. 흔히 말하는 도인병道人病, 부처병에 걸린 것이다. 이 병은 약이 없다. 고쳐 줄 의사도 없다. 그리고 어느 경지의 마음을 체험을 하게 되면 스승도 아래로 보인다.

세월이 지나 알게 되었다.

마음공부는 공부한 것을 놓았을 때 공부가 되는 것이란 것을.

그러니 공부가 된 자는 공부한 것이 없다. 공부한 흔적이 마음에 없는 자가 진정으로 공부가 된 자이다.

도인이라고 흔적을 내는 자, 남다른 복장과 형색을 하는 이들은 다 공부가 덜된 자다. 해 보고 나니 그런 결론에 도달했다. 그러니 여러분들은 속지 마시라. 산에서 속세로 돌아와 보니 그런 사이비 영성인들이 천지에 널려 있었고 이 글을 쓰는 이 순간에도 여전히 종교계와 마음수련계에 널려 있음을 볼 수가 있다.

4. 죽기를 선택하였을 때 만난 목소리

전국의 명당, 명산을 찾아 공부터로 삼았다. 처음에는 산 밑에 민박집을 잡고 저녁 시간에 산을 올라 밤 10시 좀 자리 잡고 새벽 4~5시까지 정진하다 내려오기를 반복하였다. 그러다 좋은 인연처를 만나면 텐트를 치고 장기간 공부하기도 하였다.

지리산 자락의 어느 명당처를 꾸준한 도량으로 잡고 공부하였을 때의 일이었는데, 산에 올라갈 때는 밤하늘은 바람 한 점 없이 고요하였다. 새벽 2시가 되었을 때, 태풍급 바람과 함께 폭우가 쏟아지기 시작하였다. 그 당시 김장용 비닐을 둘둘 감싸고 앉아 있었는데 바람에 비닐이 날아가 버리고 머리용 랜턴마저 불이 나가 버렸다. 그날따라 그믐 때인지라 하늘은 칠흑같이 어두웠다. 급히 자리를 정리하고 하산하기 시작했는데, 내려오다 넘어지기를 수도 없이 하였다. 대개 명당처는 바위산으로 이루어진 곳이 많은데 그 산은 전체가 바위로 구성되어 있는 바, 비가 오게 되면 바위 위의 길의 흔적을 찾을 수가 없었다.

쏟아지는 빗속의 하산 길은 정말 힘들었다. 걷다 넘어지고, 채이고, 팔과 다리에 수많은 멍이 들고 너무 힘이 들었다. 빗물에 평소 희미하게 남아 있던 길의 흔적은 찾을 수도 없고 얼마나 산을 헤매고 다녔는지 탈진하게 되었다. 너무 힘들었고 그냥 죽고 싶었다. 마음속으로 하늘에 대고 외쳤다. '이렇게 고난을 겪어야 합니까? 이제 더는 못 하겠습니다. 금생은 그냥 여기서 마치겠습니다.' 하고 30도 경사진 바윗길 위로 쓰러졌다. 기진맥진하여 손가락 하나조차 움직일 수 없을 지경인데 갑자기 몸이 붕 뜨는 느낌을 받았다. 천지가 고요해졌다. 이제 죽는가 하는 순간, '정신 차리시옵소서!' 하는 소리가 들렸다. 깜짝 놀라 눈을 뜨니 정신이 다시 몸으로 들어왔다. '손을 뻗어 배낭 바닥 밑에 있는 박카스를 드세요.'라는 소리가 들렸다.

그 박카스는 배낭 밑에 들어 있었는 지 2년이 지난 것이었다. 까마득하게 잊어버리고 있던 박카스를 꺼내 한 모금 마시는 순간 이상하게 힘이 나기 시작했다. 그러고 나니, '일어나셔서 위로 다섯 걸음, 그리고 왼쪽 옆으로 열 걸음만 가시면 길이 있으니 그 길로 하산하세요.'라는 소리가 들렸다. 정말 그 목소리가 들려주는 대로 위로 다섯 걸음, 옆으로 열 걸음 가니 희미한 길이 눈에 보였다. 그 길을 따라 내려와서 산 밑에 주차해 둔 차 안으로 들어가 죽은 듯이 잠을 잤다.

아침 해가 중천에 떠 있을 때 즈음 잠에서 깼다. 간밤에는 그리도 비바람이 몰아쳤는데, 몇 시간 차이로 날씨는 화창하게 개어 있었다. 간밤에 일이 생각나서 길을 바르게 찾게 된 장소로 다시 올라가 보니 맙소사 내가 누웠던 장소가 바로 절벽 끝 30cm 전방이었다. 일어나서 바로 한 걸음만 발을 앞으로 옮겼어도 절벽 아래로 떨어져 죽었을 것이다.

불자들의 기도와 수행에서 서원誓願을 매우 중요시한다. 중생을 구제하여 중생계가 다하도록, 허공계가 다하도록 마지막 한 중생조차 해탈하여 열반에 들기를 소원하는 것이 제불 보살님들의 간절한 구함이다. 그 서원에 동참하는 것이 불자들의 바람직한 기도요, 수행이다.

내가 도道를 구한 것은 사후에 일어난 현상들을 이해하기 위해서다. 그리고 사후에 빛을 마주했을 때 부끄럽지 않은 영혼이 되기 위해서였다. 탈진하여 절벽 끝에 쓰러졌을 때 분명 관세음보살님의 가피를 받았으리라. 분명 말씀 소리도 공경어로 들리었다. 아상 높은 공부 덜된 학인의 마음조차 가늠하여 길을 인도해 주셨다.

요즘 일일기도 중에 반드시 관세음보살보문품을 꼭 하고 있다. 금생에 이런 파란만장한 과정을 거치면서 공부를 하게 된 것도 다 관세음보살님의 가피가 아닌가 싶다.

수행 중에 생긴 여러 일을 다 기록할 수는 없다. 그리고 혹시 그러한 신비한 현상에 마음을 빼앗겨 공부의 진수를 놓칠까 염려되기도 한다.

다시 한 번 더 강조하고 싶다. 나와 이 세상은 마음 더 이상도 이하도 아니다. 그러니 자신의 마음을 돌아보는 것이야말로, 나와 세상을 이해하고, 나와 세상을 바르고 아름답게 경영하는 법을 터득할 수 있다.

5. 영혼을 이해한다는 것은
어렵지만 가능한 일이다

인간의 의식을 프로이트는 의식, 전의식, 무의식으로 3분화 하였다. 불교의 유식학唯識學에서는 전5식, 6식, 7식, 8식 또는 9식으로 나눈다. 유식학을 이해하려면 흔히 10년 세월이 필요하다고들 한다. 그러니 단순하게 현재 의식과 무의식으로 나누어 보자.

지금 이순간의 현재 의식을 지배하는 것은 무의식이다. 무의식에 좋게 저장되어 있으면 현재에 좋은 것이고, 잘못된 것으로 저장되어 있으면 아무리 옳은 것이라도 잘못된 것으로 인식하는 것이 사람들의 판단 능력이다. 이름하여 확증 편향 주의가 인간의 영혼에게는 당연한 것이다. 그러니 자신을 돌아보는 마음공부를 반드시 해야 한다. 잘못된 것을 바르게 알고, 틀린 것을 옳게 보는 경우가 엘리트 지식인층에도 널리 퍼져 있음이 작금의 대한민국 사회이다.

무의식은 현재 의식과 다른 차원의 '나'다.

현재 의식이 옳고 그름, 선과 악에 대한 아견, 아집이 강하면 무의식에 저장된 또 다른 자아를 이해, 용서, 사랑하기가 어렵다. 마음은 마음먹기가 마음이요, 선택이 마음이다. 무의식은 사실 현재 의식으로 충분히 극복이 가능하다. 『원각경』에서는 3x7=21일 수행을 해서 본성을 보지 못하면 금생에 득도할 수 없음이라고 규정하고 있다. 하지만 자유 의지로 현재 의식에서 새로운 선택을 한다면 충분히 가능하다고 필자는 확신한다. 왜냐하면 필자처럼 합당한 이유를 알게 되던지, 타인의 정보를 듣고 본인의 간절한 선택으로 말미암아 무의식을 넘어 순수 의식으로 갈 수 있다고 본다.

6조 혜능이 법손이 되었을 시 행자 신분이었다. 정식 스님이 되기 전에 법손으로 인가를 받고 부처님 발우와 가사를 물려받았다. 시기 질투에 찬 스님들이 혜능 행자를 추적하여 발우와 가사를 탈취하려 했다. 장군 출신의 비구인 혜명이 제일 먼저 혜능 행자를 따라잡았다. 혜능 행자가 발우와 가사를 바위 위에 올려놓고 숲으로 피해 있을 때, 혜명 비구가 발우와 가사를 들어 올리려고 했을 때, 발우와 가사는 꿈쩍도 하지 않았다. 그때 혜명 비구가 혜능 행자에게 말했다. '나는 이 가사 발우보다 그대가 얻은 법을 원한다. 그대가 얻은 법은 무엇인가?'라고 물었을 때, 혜능 행자의 답이 '선도 악도 생각지 마라.'였다. 그 순간 혜명 비구는 법을 얻었고, 혜능 행자를 평생 스승으로 모셨다.

수십 년 도를 닦은 수행자가 법에 더 가까이 접근했다고 우리는 착각한다. 그러나 오히려 법상法相이 높고, 아상我相이 더 높아질 수도 있다. 선악에 대한 집착이 더 깊을 수가 있다. 오히려 구참 수행자의 법상이 초심 수행자보다 더 자신의 본성本性, 불성佛性, 신성神性을 가로막고 있음을 모를 수 있다.

오랜 세월 수도修道하였다 하여 도道에 가까운 것은 아니다. 현상계에서 수행 공덕을 아무리 쌓았어도 회향을 할 줄 모르면 천상계에는 태어날지언정, 수승한 도道와는 거리가 멀다. 회향은 자기의 공덕을 다른 이의 이로움과 행복으로 돌리는 것이다.

예전에 선지식의 스승님들을 가까이 모셨을 때, 그분들의 하나 같은 공통점은 법문을 하시고 나서 돌아서면 자그마한 목소리로 보회향진언 '옴 삼마라 삼마라 미만나 사라마하 자가라바 훔.'을 하시는 것을 아주 어렵사리 눈치챌 수가 있었다. 자신이 한 법문의 공덕을 즉시 일체중생들이 성불하시기를, 또는 행복하시기를 회향하는 것이었다. 그래서 자신의 법에 대한 집착 즉 법상法相 을 바로 해탈시키시는 것이다.

세존의 마지막 유언은 '법귀의法歸依, 자귀의自歸依, 법등명法燈明, 자등명自燈明, 불방일不放逸이다. 법에 의지하고 자신에 의지하며, 법을 등불 삼고 자신을 등불 삼으라고 하시고 마지막에 방일하지 마라.' 하셨다. 왜 마지막 말씀이 방일일까? 방일이란 말은 제멋대로 마음대로 행동하여 선을 행하지 않는 것을 말한다.

수행 시 방일하면 혼침에 쉽게 빠져든다. 방일하였던 무의식이 많아서 그러하다. 현재 의식은 지극하고 싶지만 무의식에는 방일한 흔적으로 가득 차 있어서 그러하다. 나 역시 공부 초기에 그러하였다. 한동안 방황은 했어도 포기한 적은 없었다. 가고 가고 가면 알게 되고, 알고 또 알고 나면 그중에 깨달음이 온다. 거거중지去去中知, 지지중각知知中覺. 봉우 선생님께서 예전에 '단'이란 책에서 언급하셨던 말로 기억한다. 그 뜻을 35년 세월을 지내고 나서야 사무치게 이해가 된다.

원願을 세우고, 마음공부를 목숨 위에 올려놓으면 천하의 그 어떤 두꺼운 업장이라도 극복할 수 있다. 마음공부는 자기 무의식을 극복하여 청정 의식, 천진天眞 즉 하늘의 진실로 돌아가는 것이다. 자기가 자기를 넘어서는 것이 바로 마음공부이다.

6. 실참법을 간략하게 설명하다

제일 먼저 경전 공부(이론)을 통해 전반적인 통찰지를 얻어야 한다. 다음 색계 선정에 드는 수행을 하고 관법觀法을 통해 본성을 알고 본심을 체험해야 한다. 다음 무색계無色界 선정에 들어야 하며, 최종적으로 멸진정滅盡定 선정에 들어야 한다. 멸진정이 결국 공空의 가운데 자리 공중空中이며 열반의 자리이고 법을 보는 법재관처法在觀處의 자리이다.

제행무상, 일체개고, 제법무아, 열반적정, 12연기법 등을 통해 세상에 대한 통찰력을 가져야 한다. 경전 공부를 통해 오온五蘊 등에 대한 기초적 지식(유식학唯識學)과 마음이 하나씩 움직일 때마다 움직임에 대한 본인만의 통찰력을 갖추어야 한다.

남이 이렇다 저렇다 하는 것을 받아들이기 힘이 드는 이 공부는 너무나도 주체적인 공부이다. 본인만의 기본적 통찰력을 갖추는 것이 마음공부의 필수적 요소이다. 이 통찰력을 갖추지 않으면 사이비 교주나 사이비 스승의 제물이 된다.

색계 선정에 들기 위해서는 수식관 즉 호흡관이 기초가 되어야 한다. 『안반수의경』을 추천한다. 최소한 6개월 정도는 실참해 보기를 권한다.

다음 까시나 수행이다. 까시나는 보통 10가지로 분류하는데. ①백색 까시나, ②적색 까시나, ③황색 까시나, ④청색 까시나, ⑤지地 흙 까시나, ⑥수水 물 까시나, ⑦화火 불 까시나, ⑧풍風 바람 까시나, ⑨광명光明 빛 까시나, ⑩허공虛空 까시나가 있다.

까시나 수행은 위에 열거한 상대와 하나 되는 것이다. 개체에서 전체가 되는 수행인데 책의 뒷부분에 실참한 내용을 밝혀 두겠다. 까시나 수행을 하기 전에 수식관을 통해 니미따가 되어야 하는데, 니미따는 실참 명상 중에 밝고 작은 빛이 생성되는 것을 말한다. 실참을 통하지 않고서는 니미따는 경험할 수 없다. 니미따를 경험하고 나서 읽는 경전이 실질적 경전 공부라 해도 과하지 않다. 우리는 그냥 읽어서 경전을 읽는 것이 아니라 경전이 나를 읽어 버려서, 경전의 노예가 되어 버리는 경우가 허다하다. 경전의 원리 주의자, 근본주의자가 가장 무섭다. 그 말은 본인의 확정적이고 편향된 의식으로 인해 무간지옥으로 갈 수 있다는 것이다. 자기만 가는 것이 아니라 더불어 많은 이들을 오도하니 그 업장은 무엇이라 설명하기가 힘들다.

관법을 위빠사나라고도 한다. '관세음보살 감사합니다.'라고 염송念하면서 '염하는 이는 누군고?'라고 묻는 것을 추천한다. 나도 은사 스님께 배운 방법이다. 가장 안전하고 효과 있는 방법이다. 마음공부 하면서 잘못된 길로 빠지는 경우를 허다하게 보았다. 효과성만 보면 안전성이 떨어질 수도 있다. 안정성을 논하는 이유는 공부하다 미칠 수도 있다는 말이다.

색계 선정에서 초선初禪에 들 때에는 탐욕심과 멀어지며, 불선不善에 대한 자신도 모르는 마음들이 떨어져 나간다. 이곳에는 깨달음이 동반되며, 자신과 세상을 바라보는 관觀의 능력이 생겨난다.

이선二禪에 들면 깨달음과 관에 대한 집착이 떨어져 나간다. 고요한 마음에 머물며 오로지 너와 나가 없는 한마음의 기쁨이 생겨나기 시작하는 단계이다.

삼선三禪의 자리에 들면 이선의 기쁨이 떨어져 나간다. 평등심, 평정심이 일어나 더 이상 구할 것이 없는 자리이다. 바른 생각, 바른 지혜가 발생하는 자리이며, 몸이 있다는 것에 대한 즐거움이 생기기도 한다. 이때 공空에 대한 바른 인식이 생긴다.

사선四禪의 자리에 들면 즐거움도 괴로움도 다 소멸된다. 기쁨과 번뇌의 뿌리 자체가 소멸된 자리이다. 청정심만 유지되는 자리이다.

무색계 선정에 들기 위해서 가장 기본적인 것은 남자·여자라는 본능적 집착에서 벗어나는 것이다. 무색계 선정의 가장 큰 특징은 시간이 없어지는 것이다. 찰나가 영원이고 영원이 찰나임을 경험한다. 무한하고 텅 빈 공간적 느낌을 경험하게 되고 나면 평소 사로잡혀 있는 물질세계에 대한 인식이 없어지는 공무변처를 체험하게 된다.

여기에서 앎에 대한 마음의 작용이 끊어지는 순간이 식무변처이고, 더 나아가 있음에 대한 의식이 완전히 사라진 마음이 지속되게 되면 그곳을 무소유처라 말한다. 이러한 인식이 있는 것도 없는 것도 아닌 경지를 비상비비상처라 하는데 이런 경지 역시 수행 중에 인식할 수 있는 경지이다.

멸진정에 대해선 우리의 오온五蘊 중에 수受와 상想에서 일어나는 일체의 마음 작용이 그친 선정이라 쓰여 있다. 설명한 것이 더 이상 없다.

1) 1시간 독서와 1시간 명상하기

나의 경우 밤 10시~02시까지 1시간 경전 독서를 하고 난 뒤, 1시간 정도 먼저 읽은 책의 내용을 화두 삼아 찬찬히 마음속으로 음미했다. 3년 정도 한 것 같은데 이 수행을 할 때 머리가 폭발해서 우주가 되는 체험을 했다. 이 수행은 인격이 점차 진리를 향하도록 하는 데 큰 역할을 한 것 같다. 이 수행은 나의 평생 수행의 기초가 되었다.

2) 안반수의법(호흡법)

『안반수의경』을 참조해서 6개월 정도는 집중적으로 하였다.

수식, 상수, 지의 단계

들숨일 때는 도道를 생각하고 날숨일 때는 맺힌 원결, 업장이 다 녹아
내린다 생각한다. 들숨 날숨에 집중하는 것을 수의라고 하는데, 수의에
서는 죄에 떨어지지 않는다고 경전은 해석하고 있다. 수식은 숨을 숫자
로 세는 것을 말하는데, 10가지만 세는 것을 강조한다. 더 이상 세면 집착
이 생긴다고 설명한다. 수식에 집중하면 저절로 숫자를 세지 않아도, 마
음이 숨에 집중되는 시기가 오는데 그 상태를 상수라고 한다. 상수가 되
면 정신 집중의 단계가 상승되어 마음 짓이 그쳐지는 지의 단계를 체험
할 수 있다.

관, 환, 정의 단계

지의 단계를 마치 부싯돌이 부딪혀 불꽃이 일어나는 단계라면 관의 단
계는 불꽃이 피어오른 단계라 생각하면 된다. 지와 관은 같은 단계이지
만 깊이가 다르다. 환은 공의 실체에 접근한 단계이다. 정은 마음이 청정
해졌다는 뜻인데, 우리가 순수한 마음 즉 청정심이라 부르는 실체심이다.

각자가 직접 실참했을 때는 나의 설명과 다를 수도 있다. 도道 에 접근
하는 것은 100인 100색이다. 각자의 업식에 따라 서로 다르게 인식될 수
있다.

3) 첫 화두 '부모미생전 본래면목父母未生前 本來面目'

'부모로부터 태어나기 전 나의 본래 모습은 무엇인가?'라는 화두이다. 첫 번째 스승님이셨던 시일 박영만 선생님으로부터 받은 화두이다.

이 화두를 타파했을 때의 상황은 이러했다.

민박집 방 안에 있는 홍시를 맛있게 먹고 있는 도반의 모습을 보는 순간 '부모미생전 본래면목'의 화두가 깨졌다. 그 기쁨은 말로 형용할 수 없는 최고의 기쁨이었다.

훗날 도반이 그때 내가 한 말이라고 들려주었는데 그때 내가 '감 속의 감이다.'라고 했다고 한다. 머리로는 하나인 줄 알지만 마음 오롯이 모두가 하나라는 것을 받아들이는 것은 다르다. 특별한 수행을 하는 순간에 깨친 것이 아니고 그냥 평범한 일상생활 속에서 이루어진 일이다. 마음에 항상 '부모미생전 본래면목'을 되뇌이고 있었고, 어느 순간 일상사와 관계없이 화두가 그냥 살아 있었다.

4) 전생 보기

화두를 깬 날 밤, 나의 전생 50가지 정도를 보았다. 지금 기억나는 장면은 바퀴벌레, 쥐, 구렁이, 큰 소나무, 나무 담장, 유럽의 사제, 글 읽는 선비, 공부를 마치고 하산하는 스님, 마지막으로 큰 종이 울리는 장면이 보였고, 구더기로 덮인 육신의 모습이 해골로 변하고 해골이 바스러져 바람에 휘날릴 때 가루가 금가루로 바뀌는 것이 보였다. 보는 순간 이것이 내 전생이란 것을 알았다. 전생의 삶 순간순간의 희로애락이 다 느껴졌다.

마치 움직이는 장난감의 태엽이 풀리는 것처럼 차례대로 전생이 풀려져 나왔는데, 아쉽게도 앞부분을 기억하지 못한다. 무엇인지도 모르는 여러 장면이 지나갔다.

5) 지구점 수련

전방 벽 하단 부위에 작은 점을 하나 찍는다. 이 작은 점을 지구라 생각하고, 우주 멀리 나가 지구를 바라본다. 지구에서 살았던 자기의 모든 과거를 10년 단위, 또는 유아기, 어린 시절, 유치원, 초등학교, 중·고등학교, 대학교, 직장 생활기, 결혼 전, 결혼 후 등 자기 임의대로 시절을 나누어 돌아본다. 살았던 모든 기억들을 점 속으로 던져 버리는 수련이다.

이 수련은 과거에 대한 자신도 모르는 집착을 놓게 하는 효과를 가져다준다.

6회 이상, 태어나서 현재까지 순간을 회상하며 점 속으로 기억들을 넣게 되면 어느 날 화두가 깨어지는 결과를 맞이할 수도 있다. 저절로 자신의 본모습을 느끼게 되는 수련 결과가 매우 뛰어난 수련이다. 단순하지만 이 수련을 통해 국제적 수련 단체를 설립한 도반도 있다.

6) 거울 수련

산에서 살 때 우연히 기거한 장소의 두 벽면이 통창인 유리벽이었다. 한밤중 유리벽 앞에 좌선을 하고 있으면 내 모습이 거울처럼 비쳐졌다. 어느 날 유리벽에 비친 나의 모습이 없어지는 것을 보았다. 마음이 쉬면 (무안이비설신의 하면) 거울에 비쳐지는 내 모습이 없어진다.

특히 거울 앞에서 점 수련을 하면 자기의 과거 모습, 또는 전생의 모습 또는 자기의 어두운 모습들을 느낄 수가 있다.

실례로 한 수행자가 자신의 수많은 전생에서 무당들의 모습을 본 경우도 있다. 지금 그분은 전해져 내려오는 집안의 무당업을 완전히 벗어나 정상적인 가정생활을 하고 있다.

*겁이 많으신 분이나 평소 정신 질환을 가지고 계신 분은 이 거울 수련은 자제하는 것이 좋다. 가끔 부작용으로 숨겨진 인격체가 드러나고 그 인격체를 집착하여 힘들어지는 경우가 있다. 자기의 현재 정체성이 부족한 사람은 자제하는 것이 좋다. 이 부분은 반드시 지키길 바란다.

7) 신목 수련

남양주 서리산에 있을 때 주로 한 수행이었다. 큰 소나무 또는 잣나무를 등지고 앉아 나무와 하나 되기 수련을 하였다. 마음을 고요하게 가져

(무안이비설신의) 나무와 자신의 경계를 허문다. 종국에는 '나는 나무와 하나다.'라고 마음먹는다.

마음은 마음먹기이다. 쉽게 말해 결심만 하면 마음은 그냥 A란 마음에서 B란 마음으로 전환된다.

나무는 오래전에 도통을 하였다고 들었다. 자연의 법칙에 순응하였기에 오랜 수명을 가질 수가 있다. 나무가 전해 주는 메시지가 마음속에서 들리면 나무가 가르쳐 주는 교훈을 배울 수가 있다.

8) 일상관 수련

서리산에 있을 때, 신목 수련을 하는 좌향이 서향이었다. 석양의 해를 한없이 쳐다보다 눈을 감으면 마음속에 둥근 해가 생긴다. 그러다 문득 내가 해가 되어 보는 느낌을 받을 수가 있다.

마음속에 복잡하고 번잡한 사사로움이 있을 때 이 수련을 하면 사사로운 기운을 물리칠 수가 있다. 빙의 기운이 있다거나, 정신적 어려움을 가지고 있는 이들은 마음이 밝아지고 이 수련만으로도 긍정심을 가질 수가 있고, 남들에게 좋은 기운을 전할 수 있는 수행자가 된다. 소승불교 수행법의 까시나 수행과 비슷하다고 보면 된다. 까시나 수행에서는 일상관이라고 부른다.

9) 바람, 구름 까시나

까시나 수행은 지수화풍의 상대와 하나 되기 수행이다. 땅을 한없이 쳐다보다 땅과 하나 되기, 물소리를 들으며 하나 되기, 불꽃을 쳐다보며 불과 하나 되기, 바람을 느끼며 바람과 하나 되기가 까시나 수행이다. 자연일체심은 결국 공심이다. 공심을 가지는 수행을 자주하면 마음으로 생각한 형상을 하늘을 캠퍼스 삼아 그릴 수 있다.

10) 물 까시나 (바다 또는 호수를 바라보며 하는 수련)

이것도 까시나 수행의 한 종류이다. 먼저 공심을 가지고 바다의 물과 하나 되기를 시행한다. 물, 바람과 하나 되면 먼바다로부터 스스로 바닷물이 되어 높은 파도를 만들 수도 있고, 해변 쪽으로 긴 파도를 몰고 들어올 수가 있다. 35년 전 같이 공부한 도반 중에 한 분이 이 능력이 뛰어났다. 이 능력으로 제자들로부터 큰 인기를 얻었다. 덕분에 이름만 대면 알수 있는 세계적인 명상 수련가가 되었다.

11) 천천히 걷기

서리산에 있을 때 자광학술원 뒤편 마당이 넓었었다. 마당을 한 바퀴 도는 데 한 시간 정도 걸린다 생각하고 천천히 끊어지지 않고 걷기를 하면 마음의 움직임이 점점 느려진다. 몸의 움직임이 느려지면 마음의 움직임도 따라서 느려진다.

이 수련은 자신도 모르는 평화와 통찰력을 가져다준다. 실제로 수행을 한 사람들의 후기가 가장 좋은 수련법이었다.

12) 부정관 수련

마음공부에서 출리심出離心이 매우 중요하다. 이 수련은 출리심에 특효인 수행이다. 본디 경전에 있는 내용을 바탕으로 만든 시나리오이니 마음속으로 상상하며 하면 좋다.

1. 길을 가고 있는 자신을 상상한다.
2. 길을 가다 지쳐 쓰러져 죽어 가는 자신의 모습을 상상한다.
3. 숨이 끊어진 나의 시신이 부풀어 오르는 것을 상상한다.
4. 눈과 코에서 구더기 나오는 것을 상상한다.
5. 새들과 뭇짐승들이 달려들어 나의 시신을 뜯어 먹는 것을 상상한다.
6. 피와 살점들이 흩어지고 해골의 모습이 드러나는 것을 상상한다.
7. 살점은 다 떨어지고 앙상한 해골이 된 모습이 불속에서 타는 것을 상상한다.
8. 거센 불에 뼈들이 다 타고 가루가 되고 그 가루가 바람에 날려 가는 모습을 상상한다.

세간에 부정관 수행을 자신을 상대로 하지 않고 세상을 폭파하고 타인의 죽음을 상상하게 하는 수련이 있는데 이것은 잘못된 수련이다. 선법善

法은 결코 남을 해롭게 하는 작은 생각조차도 하지 않는다. 그 수련을 방편이라고 권하여 시행토록 하는데 그런 수련의 결과는 우울증이 생기고 더 나아가 죽음, 살인, 파괴의 업력과 같은 파장을 가진 기운과 빙의될 확률이 크다. 세간의 부정관 수행은 자제하기를 권한다.

마음은 마음일 뿐

초판 1쇄 발행 2025년 5월 5일
지은이 혜문
펴낸이 이계섭
책임편집 박찬세
디자인 이라희
펴낸곳 (주)백조

주소 경기도 화성시 남여울3길 19 201호
출판등록 2020년 8월 14일

전화 031—8015—0705
팩스 031—8015—0704
E—mail baekjo1120@daum.net
값 18,000원 ISBN 979-11-91948-25-7